DA HILFT KEIN KLAGEN UND KEIN JAMMERN

Liebe Leserin, lieber Leser,
natürlich ist es richtig, daß früher manches sehr viel schöner war, ursprünglicher und unzerstört, verschont noch vom Segen des Fortschritts. Wie urig konnte das sein, wenn wir in herrlicher Landschaft das einfache Leben entdecken durften, wie zufrieden waren wir mit den kargen, weißgekalkten Zimmern: ein Bett, ein Stuhl und die Kommode mit der Waschschüssel. Wer bewies sich nicht gerne, daß er auch mit sehr viel weniger Komfort zurechtkam? Schließlich war es nur für zwei, drei, höchstens für vier Wochen im Jahr. Und erst die Geschichten, die man hinterher erzählen konnte. Herrlich.

Es stimmt schon, heute ist alles anders. Das Griechenland, das wir gesucht haben, geht Insel um Insel verloren. Unser Lebensstil hat auch die Ägäis erobert, und damit sind wir selbst in der schönsten Zeit des Jahres, in den Ferien, mit den elenden Seiten unserer Zivilisation konfrontiert: mit den Massen, dem Müll und dem Beton. Wo Flughäfen gebaut werden, da fallen eben die Heerscharen ein, wo Autos und Mopeds fahren, da gibt es Abgase und Krach, wo Bettenburgen entstehen, da türmt sich der Abfall. Das ist bald überall so, natürlich auch auf dem Dodekanes, auf Rhodos und Kárpathos, auf Sími oder Kós. Da hilft kein Klagen und kein Jammern. Oder will es etwa einer den Einheimischen übelnehmen, wenn sie vom Wohlstand der Touristen profitieren möchten? Wenn sie ein wenig von dem Standard erreichen wollen, der für uns selbstverständlich ist? (Und den, ganz nebenbei, die Reisenden hinterher nur allzu gerne nutzen.)

Um den Wandel, den die Inseln vor der türkischen Küste durchgemacht haben, geht es in diesem Heft mehrfach. Der Filmemacher Hans W. Geißendörfer lebt seit 1972 auf Rhodos, die Autorin Helga Hegewisch kaufte sich in Líndos schon vor 30 Jahren ein Haus. Sie haben Erfahrungen gesammelt, die aufzuschreiben lohnte. Ein anderer Autor dieses Heftes, Björn Engholm, der Ministerpräsident von Schleswig-Holstein, war auch oft da. Die Veränderung „seiner" Insel Kárpathos über die Jahre hinweg beschreibt er so: „Dann ist das Paradies kein Paradies mehr, sondern ein – immer noch zauberhaft gelegener – Treffpunkt . . ." Aber Engholm versucht auch die Griechen zu verstehen: „Die Chance des Tourismus . . . ist, aus der traditionellen Armut auszubrechen, nicht mehr auswandern, nicht mehr zur See fahren zu müssen. Diese Möglichkeit hat einen hohen Preis. Allein: Steht's uns zu, über diesen Preis zu richten, nachdem wir ihn selbst mit gebildet haben?"

Ihr

Manfred Bissinger

Autoren dieses Hefts

Björn Engholm

Helga Hegewisch

H. W. Geißendörfer

Egon Scotland

Johannes Lehmann

Im antiken Götterhimmel war Helios, der Sonnengott, Herr über Rhodos. Heute steht sein Kopf im Archäologischen Museum der Insel

Inhalt

Gerd Höhler, Rainer Stephan, Franklin Kopitzsch, Klaus Bötig, Tibor M. Ridegh, Dietmar Grieser	7	**Corso** Das Journal in MERIAN
Johannes Lehmann	16	**Von Insel zu Insel: Das sonnige Dutzend**
Egon Scotland	34	**Rhodos: Eine Säule des Tourismus**
Hannes Burger	46	**Die weißen Ritter des Blaulichts** Vom Ordensstaat zum Johanniter-Unfalldienst
Björn Engholm	50	**Der Traum vom Glück** Warum der Ministerpräsident Urlaub auf Kárpathos macht
Egon Scotland	62	**Schwamm drüber?** Das Schwammsterben bedroht die Existenz der Taucher von Kálimnos
Helga Hegewisch	70	**Geschichten aus meinem Dorf** Eine Bilanz nach 30 Jahren in Líndos
Hans W. Geißendörfer	80	**Wann wacht ihr endlich auf, ihr Griechen!** Eine Liebeserklärung, von Wut und Trauer diktiert
Knut Sroka	84	**Der Eid des Hippokrates** 2500 Jahre alt und noch immer aktuell
Adolf Holl	88	**Reise in den letzten Akt** Die Apokalypse von Pátmos, mit heutigen Augen gesehen
Klaus Bötig	92	**Die Tore zum Himmel** Ikonen, das Herzstück orthodoxer Gläubigkeit

Rhodos: eine Mischung aus Antike, Mittelalter und Orient Seite **34**

Pátmos: Kloster der Visionen Seite **88**

Kálimnos: Die begehrten Schwämme sind heute todkrank Seite **62**

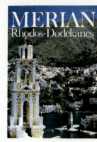

Sími: Die Aussicht
von der Johanneskirche über
Bucht und Hafen foto-
grafierte Guido Mangold

WIE · WO · WAS

Einreise · Kleidung · Gesundheit	107	Das Abendkleid kann man zu Hause lassen
Unterwegs	108	An kommt man immer: zu Wasser, zu Lande, durch die Luft
Über Nacht	110	Die Pensionswirte warten schon am Kai
Essen und Trinken	112	Die Küche ist kein Ruhmesblatt, meint Klaus Bötig
Archäologie	114	Auf den Spuren der Antike
Extratouren	116	Andrea Horn segelt durch die Inselwelt
	117	Klaus Bötig wandert auf Sími ...
	118	... und zu den Klöstern auf Rhodos
	120	Gerd Höhler besucht Kastellórizo, die letzte Insel
	121	Bildnachweis und Grafiken
Der Gute Tip	122	Johannes Lehmann über Bauchgrimmen und die Folgen
Klima	122	Etwas ganz Besonderes: Der Sommerwind Meltemi
Bücher	123	Reiseführer, Sachbücher, Literatur, Segeln

AUF EINEN BLICK

Daten · Wirtschaft	124	Gerd Höhler über das günstige Einkaufen ...
Geschichte · Politik	125	... und die Gefälligkeiten der Politik
Religion · Festtage	126	Ulrich Fick beschreibt den Einfluß der Kirche
Panorama	130	Klaus Bötig führt durch Rhodos und den Dodekanes
	131	Die MERIAN-Karte von Hilda Körner und Lothar Walter
	138	Vorschau und Impressum

Kárpathos: Hier werden die alten Bräuche noch hochgehalten   Seite **50**

Líndos: auf der Burg über dem schönsten Dorf von Rhodos   Seite **70**

Endlich!

Die grüne Mynta.
Zahnpflege aus NaturRohstoffen

Wirksam und Gesund

Mynta-Zahnpflege aus NaturRohstoffen reinigt Zähne und Zahnfleisch schonend aber gründlich und erfrischt den Mundraum angenehm.
Zahnpflege mit Mynta entfernt den bakteriellen Zahnbelag, der nach sicheren Erkenntnissen der Zahnmedizin die Hauptursache für Zahn- und Zahnfleisch-Erkrankungen ist.
Mit ihren Wirkstoffen natürlichen Ursprungs und Kräuterextrakten hilft Mynta, Zähne und Zahnfleisch und den gesamten Mundraum gesund zu erhalten.

Mynta enthält:
Natur-Kreide als Putzkörper, Glycerin zur Feuchthaltung, Netzmittel aus Palmöl, pflanzliches Xanthan-Bindemittel und Wasser. Pfefferminzöl, Krauseminzöl, Eukalyptusöl und Menthol. Kampfer, Nelkenöl, natürliches Anethol und Anisöl. Chlorophyllin und Zitronensäure. Extrakte aus Kamille, Myrrhe, Bibernellwurzel und Salbei.

Ohne Konservierungsstoffe.

Corso

KOLOSS DES ANSTOSSES

Nein, die Leute von Rhodos lassen sich auf die Sache nicht gern ansprechen. Man winkt ab, zuckt die Schultern, gibt vor, sich an jene Geschichte aus dem Sommer 1987 gar nicht mehr zu erinnern – war da was?

Es begann damit, daß Taucher der griechischen Küstenwache an einem sonnigen Junitag vor der Mole des Hafens von Rhodos ins Meer sprangen, um dort nach angeblich versenkten Rauschgiftpaketen zu suchen. Aber im fahlen Lichtkegel ihrer Suchscheinwerfer entdeckten die Froschmänner keine Haschischpäckchen, sondern etwas viel Berauschenderes. Ein merkwürdig geformter Steinbrocken lag da in 52 Metern Wassertiefe auf dem Meeresgrund: eine Riesenfaust, so schien es den erstaunten Tauchern, die sogleich aufgeregt Meldung nach Athen machten. Dort horchte der zuständige Marineminister Stathis Alexandris auf: Fahndeten nicht Archäologen und Schatzsucher vor der Hafeneinfahrt von Rhodos seit Jahrhunderten vergeblich nach den Überresten eines Weltwunders, des sagenumwobenen Kolosses von Rhodos? Das Riesenmonument war um 300 v. Chr. über der Hafeneinfahrt errichtet worden – ein Standbild des Sonnengottes Helios, das an die erfolglose Belagerung der Insel durch den Makedonier Demetrios Poliorketes erinnern sollte und rund 65 Jahre später bei einem schweren Erdbeben ins Meer gestürzt war.

Während der Minister noch seine Kenntnisse über den Koloß auffrischte, zirkulierten auf Rhodos bereits erste, unscharfe Unterwasserfotos des Felsblocks und beflügelten die Phantasie der Nation. Stathis Alexandris, bis dahin ein eher unauffälliges Mitglied der sozialistischen Regierung, gab eine internationale Pressekonferenz nach der anderen, weitere Taucher wurden in die Tiefe geschickt – und siehe da: Lag im von Abwässern arg getrübten Meer neben der Riesenfaust nicht ein weiterer merkwürdiger Stein?

Skeptische Kommentare aus dem für Altertümer zuständigen Athener Kultusministerium gingen in der allgemeinen Begeisterung unter. Die Hoteliers auf Rhodos rieben sich die Hände: Der Stein der Weisen schien gefunden, eine bis dahin nicht sehr vielversprechende Saison gerettet.

Mittlerweile war der Marineminister nach Rhodos geeilt, ein kolossaler Schwimmkran wurde in Position gebracht, mit Seilen und Winden wurde der sensationelle Fund geborgen. Jawohl, es war eine Riesenfaust, zweifellos: Deutlich waren die von den Bildhauern der Antike in den Stein gemeißelten Knöchel und Finger zu erkennen – etwas verwittert zwar, aber was will man nach über 2000 Jahren erwarten? Minister Alexandris engagierte die holländische Hellseherin Ann Dankbaar, um mit ihrer Hilfe weitere Bruchstücke des Standbilds aufzuspüren.

Bei näherer Betrachtung des Kalksteinbrockens begann sich Ernüchterung breitzumachen: War das wirklich eine Faust? Und wieso Kalkstein? War der Koloß von Rhodos nicht aus Bronze gegossen?

Während die Marinetaucher meldeten, man habe nun auch den fünfzehn Meter messenden Torso auf dem Meeresgrund erspäht, reiste Kultusministerin Melina Mercouri mit einem Archäologenteam an, um den Fund in Augenschein zu nehmen – kopfschüttelnd: „Material, Größe, Form und Fundstelle" des Objekts ließen nicht den Schluß zu, daß es sich um ein Bruchstück des Kolosses handele, teilte die Ministerin mit. Wenig später stellte sich die kolossale Entdeckung endgültig als Pleite heraus: Der Felsblock, so rekonstruierte man, war zwei Jahre zuvor bei Ausbaggerungsarbeiten im Hafen von Rhodos gehoben und dann vor der Küste ins Meer geworfen worden. Die Kerben,

So stellte man sich im 18. Jahrhundert den Koloß von Rhodos vor, eines der sieben antiken Weltwunder. Die mächtige Statue des Gottes Helios krönte die Hafeneinfahrt von Rhodos. Ein Erdbeben ließ sie 227 oder 224 v. Chr. ins Meer stürzen

Corso

die ihm die Form einer Faust zu geben schienen, stammten vom Greifer des damals vor Rhodos eingesetzten Schwimmbaggers „Titan". Enttäuscht und kleinlaut ließen die Leute von Rhodos die Riesenfaust ins Meer plumpsen. In Athen gab es ein Opfer: Stathis Alexandris verlor bei einer Kabinettsumbildung zwei Monate später seinen Ministersessel. *Gerd Höhler*

Männer, ärztlich geprüft
KERLE À LA CARTE

Mitten im Händlerviertel von Rhodos liegt das Türkische Bad. Die mit Marmor verkleideten Hallen bieten Ruhe und Entspannung – von jeglicher Anstrengung

Einmal ehrlich: Wo findet man heute noch männliche Größe? Große Frauen gibt es genug – schon deshalb, weil die Bildhauer im Lauf der Geschichte gerne große Frauen geschaffen haben: die Sphinx zum Beispiel, die New Yorker Freiheitsstatue, die Bavaria hoch über Münchens Oktoberfestwiese. Doch um ein würdiges männliches Gegenstück zu solchen Monumenten zu finden, muß man schon die Liste der antiken Weltwunder zu Rate ziehen. Der Koloß von Rhodos, 37 Meter hoch, war das größte Denkmal, das je einem Mann errichtet wurde. Wie aber stand es um dieses Mannes Männlichkeit? Was bekamen die antiken Schiffsbesatzungen zu sehen, wenn sie zwischen den Beinen des Kolosses ihren Blick steil nach oben richteten? In diesem Punkt läßt uns die bis heute populärste Darstellung (eine Zeichnung des barocken Baukünstlers Johann Bernhard Fischer von Erlach) leider im Stich: Sie zeigt an der entscheidenden Stelle nichts als ein überdimensionales Feigenblatt. Dem sittlich gemeinten Täuschungsversuch des Erlachers konnte auf Dauer kein Erfolg beschieden sein. Schließlich fahren viele einsame Touristinnen ja nicht irgendwelcher Feigenblätter wegen so gern nach Rhodos, sondern im Gegenteil wegen, nun ja, wie sollen wir das ausdrücken? Am besten bedienen wir uns der Landessprache: wegen der Kamákia. So nennen sich jene Herren, die weibliche Rhodos-Reisende auf Wunsch derart hingebungsvoll betreuen, daß der Name der Insel bis heute ein Schlüsselwort für kolossale Männlichkeit geblieben ist. Neuerdings haben sich die Kamákia zu einer höchst offiziellen Arbeitsgemeinschaft zusammengeschlossen und damit das süße Inselgeheimnis in alle Welt hinausposaunt. Außer ihrem hellenischen Charme führen die Kamákia fortan auch amtsärztliche Aids-Zertifikate mit sich. Soweit die gute Nachricht, und jetzt die schlechte (für die Männer): Auf Rhodos geht der Trend zum knackigen Jungmann! Ganze 35 Jahre beträgt das zugelassene Höchstalter für organisierte Kamákia (zwei Fünfzigjährige wurden wegen ihres „wertvollen Beitrages für die Tourismusindustrie" sozusagen gnadenhalber noch mit aufgenommen). Was, wenn nun dieses Beispiel auch in den Heimatländern der Touristinnen Schule macht? Dann fehlt nur noch die Spritze für den Mann, zur Vorbeugung gegen unerwünschte Spätfolgen eines liebevollen (oder liebestollen) Urlaubs. In vier, fünf Jahren, sagen die Forscher, sei das Zeug serienreif. Spätestens dann werden die Kamákia ihrer weiblichen Kundschaft womöglich noch ein zweites Zertifikat vorzeigen müssen: garantiert zeugungsunfähig. *Rainer Stephan*

Von Göttern, Dichtern und Inseln
MEERESMYTHEN

In der siebten seiner olympischen Oden, die er dem siegreichen rhodischen Faustkämpfer Diagoras im Jahre 464 v. Chr. widmete, pries der Dichter Pindar die Insel Rhodos, „die Meerumströmte, Aphrodites Tochter und Helios' Braut", gelegen „an des raumweiten Asiens Vorsprung". Pindar erzählt, wie das

„Irgendwo tief in uns sind wir davon überzeugt, daß wir nicht wert sind, in einem so schönen Land zu leben. Und wir versuchen es nach unseren Maßen zu gestalten, es auf unser Niveau zu bringen. Also haben wir es mit Zement und Abfall überzogen."

Nikos Dimou: Das Unglück, Grieche zu sein

Der Strahlenkranz ist das Erkennungszeichen des Sonnengottes Helios, der vor allem in Rhodos verehrt wurde

Wer zeigt, was die Welt bedeutet?

DER CLUB

Den Wink haben wir von Albert Einstein, der alle Nachdenklichen mahnte: »Das Wichtigste ist, mit dem Fragen nie aufzuhören!« Die Welt erklärt sich schwer genug, die Fragezeichen häufen sich. Unsere Buch-Reihe »Klassiker des modernen Denkens« versammelt deshalb konsequent Antworten, die welt-bedeutend wurden: Jaspers Weltsicht neben Marx' Weltwunsch, Sartres Weltexistenz neben Konrad Lorenz' Weltverhalten. Und manches Welt-Bild mehr. Ein an Geist reiches Angebot, lauter Denkanstöße in schönster Hülle und kompakter Fülle. Exklusiv für den Club herausgegeben von Joachim Fest und Wolf Jobst Siedler. Eine kleine, feine Ecke im Club, bei dem sich schon über vier Millionen Mitglieder wohl fühlen. Wer uns kennenlernen will, möge durch eines unserer 280 Club Center bummeln. Oder schreiben: Bertelsmann Club, Kennwort »Kennenlernen«, Postfach 9000, 4830 Gütersloh 100. Und dann wie Einstein: Nie aufhören zu fragen!

Modernes Denken, im
Bertelsmann Club

Corso

Asklepios, der Gott der Heilkunde, hatte sein Zentrum auf der Insel Kós, wo auch der berühmte Arzt Hippokrates praktizierte

Eiland entstand. Als Zeus den Erdkreis unter die Götter aufteilte, ging der Sonnengott Helios, der gerade abwesend war, leer aus. Zurückgekehrt fragte er nach seinem Anteil. Zeus war bereit, eine neue Verteilung vorzunehmen. Doch Helios erklärte, er habe inmitten des „grauen Meers" eine Insel emporwachsen sehen – „Ein für Menschen nahrungsreiches Land und erfreulich den Herden". Helios bat nun Lachesis, eine der Schicksalsgöttinnen, ihm zu versprechen, daß ihm alles gehören solle, was aus dem Meer erscheine. Und so geschah es, daß er die „aus salziger Flut" entsprossene Insel erhielt. „Die hat nun", so Pindar, „der scharfe Strahlen erzeugende Vater inne, der Feuersprühenden Rosse Lenker." Helios vermählte sich mit der Inselgöttin Rhodos, der Tochter Aphrodites und Poseidons. Einer ihrer sieben Söhne, Kerkaphos, wurde der Vater von Ialysos, Kamiros und Lindos, nach denen die drei frühen Städte der Insel benannt wurden. Rhodos wurde zum Mittelpunkt des antiken Helios-Kultes, der sonst nur noch in Korinth geübt wurde. Dem Sonnengott zu Ehren wurde der Koloß von Rhodos errichtet.

Pindar berichtet auch, daß auf Rhodos die Göttin Athena dem Haupte des Zeus entsprang. Der Athena-Kult verschmolz in Líndos mit der älteren Verehrung der Fruchtbarkeits- und Muttergöttin Linthia zu dem Kult der Athena Lindia. Ihr war der Tempel auf der Akropolis von Líndos geweiht.

Auf der Insel Kós befand sich seit dem 4. Jh. v. Chr. eines der wichtigsten antiken Heiligtümer des Asklepios, des Gottes der Heilkunde. Wie überall, wo eine neue Kultstätte dieses beliebten Gottes entstand, hielt Asklepios auch in Kós in Schlangengestalt feierlichen Einzug. 293 v. Chr. gelangte der Kult übrigens von Epidauros, seinem Zentrum, auch nach Rom, wo sich die Schlange des Asklepios auf der Tiberinsel niederließ. Das Zeichen des Gottes, der Stab mit der Schlange, ist als Äskulapstab – Äskulap ist des Gottes römischer Name – bis heute als Symbol des ärztlichen Standes in Gebrauch. Kós war in der Antike nicht allein wegen des Asklipions und seiner bedeutenden Ärzteschule bekannt. Der Dichter Theokrit (um 310 – um 250 v. Chr.) rühmte in der siebten seiner „Idyllen", dem auf Kós spielenden „Erntefest", den „köstlichen Nektar", den Honig. In der römischen Literatur priesen Autoren mehrfach die *Coae vestes*, die seidenen, transparenten koischen Gewänder, die auf der Insel gewirkt und weithin exportiert wurden. Der Satiriker Lukian von Samosata (zwischen 120 und 125 – Ende des 2. Jahrhunderts) merkte dazu an, die Frauen bedienten sich dieser Stoffe nur, um nicht völlig nackt zu erscheinen.

Auch der Kampf der Giganten gegen das neue Göttergeschlecht der Olympier hat seine Spuren im Dodekanes hinterlassen. Einige der Giganten wurden unter Inseln begraben, so auch Polybotes, den der Meeresgott Poseidon überwältigte, indem er ein großes, von der Insel Kós abgebrochenes Stück auf ihn wuchtete. So entstand südlich von Kós die Insel Níssiros. *Franklin Kopitzsch*

Auf Rhodos soll die Göttin Athena, hier mit Poseidon, dem Haupt des Zeus entsprungen sein

Souvenirs, Souvenirs

HAARIGE SACHEN

Verkehrte Welt: Auf Rhodos gibt es mehr Pelz- als Bademodengeschäfte. Die Touristinnen, die den größten Teil ihres Urlaubs damit verbringen, Helios barbusig ihre vornehme Blässe zu opfern, hüllen sich bei einem Stadtbummel liebend gern probeweise in die wärmsten Pelze ein. Und nicht wenige von ihnen fliegen mit einem Fuchs oder Luchs, Leoparden oder Nerz wieder heim. Manche läßt dann der Zoll bei der Ankunft gleich wieder erbleichen: Wer nicht zu schmuggeln versucht, zahlt Mehrwertsteuer – oder muß gar seinen neuen Pelz gleich wieder abgeben, falls die ursprünglichen Träger der Felle unters Artenschutzgesetz fallen.

Davon haben die rhodischen Pelzhändler meist nichts gesagt, obwohl sie sonst sehr gesprächig und nett sind. Fremdsprachenkenntnisse gehö-

Als Göttervater Zeus die Welt an seine himmlischen Kollegen verteilte, fiel Rhodos an Helios

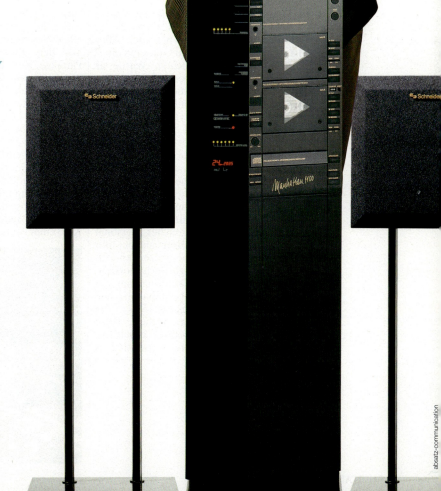

Schneider

Tonangebend in HiFi: Schneider Manhattan.

Das Integrated Satellite System von Schneider bringt die Musik einer neuen Welt.

Schlanke, elegante Säule, extrem flache Boxen dazu – der erste Eindruck: schöner Wohnen!
HiFi-Stereo Synthesizer-Receiver, HiFi-Stereo-Cassettendeck und HiFi-Stereo-Digital-Discplayer voll elektronisch – der zweite Eindruck: High Tech vom Feinsten!
Und jetzt schalten Sie Schneider Manhattan ein – unerhört! Diese brillanten Höhen und transparenten Mitten aus diesen kleinen Boxen? Und wo kommen bloß diese unglaublich klaren, vollen Bässe her?
Das Schneider Integrated Satellite System macht's möglich. Mit drei statt (wie üblich) zwei Verstärker-Endstufen. Zwei davon aktivieren die Hoch- und Mitteltonlautsprecher in den Satelliten-Boxen. Die dritte bedient das Baß-Subwoofer-System, das in das Gehäuse der Anlage integriert ist. Unsichtbar. Aber unüberhörbar. Was dabei herauskommt, sollten Sie sich vom zartesten Pianissimo bis zum 550-Watt-PMP-Fortissimo anhören. Damit Sie auch den dritten Eindruck formulieren können:
Schneider Manhattan – Musik einer neuen Welt.

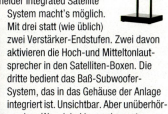

Schneider Rundfunkwerke AG · Silvastraße 1 · D-8939 Türkheim 1
Schneider (Schweiz) AG · Hohlstraße 550 · CH-8048 Zürich
Silva Schneider · Hochthronstraße 1–7 · A-5083 Gartenau/Salzburg

Corso

Bei 30 Grad im Schatten der Hit auf Rhodos: Pelze in allen Variationen. Der Charme der Verkäufer wickelt so manche Touristin ein

ren zu ihrem Handwerkszeug. Sie stehen vor ihren Läden und lauschen. Erkennen sie eine Sprache, die sie oft perfekt beherrschen, treten sie in Aktion. Ob die Passantin zum erstenmal auf Rhodos ist, ob sie es auch zu heiß findet oder aus welcher Stadt in Deutschland sie kommt, interessiert die Händler zwar herzlich wenig, aber wenn sie eine Antwort erhalten, ist das Geschäft schon angelaufen. Als nächstes folgt eine Einladung zum Kaffee, Ouzo oder Soft Drink in den Laden, wo dann über alles andere als über Pelze geredet wird. Ein Kunde, der höflich ist, spricht den Verkäufer irgendwann schon von selbst darauf an. Bis dahin spielt man seinen ganzen Charme aus – und trinkt zwischendurch, wie mir mein Freund Niko verriet, ab und zu einen Schluck Kräutertee, um sich durch den Anblick der noch leicht bekleideten Urlauberinnen nicht zu sehr vom eigentlichen Gesprächsziel ablenken zu lassen. Niko ist einer von über 1500 Rhodiern, die vom Kürschnerhandwerk leben und einer von den 100, die ein Pelzgeschäft besitzen. Sein Umsatz ist rückläufig, denn die Konkurrenz wird von Jahr zu Jahr zahlreicher. Ein griechisches Phänomen macht auch vor seiner Sparte nicht halt: Ein eigenes Geschäft zu haben, ist jedes Hellenen Traum. Aber kaum einer wagt es, sein Glück mit einer neuen Idee zu versuchen. Würde er damit scheitern, zöge er den Spott aller Nachbarn auf sich, die tun, was der Norm-Grieche tut, nämlich dasselbe wie sein Nachbar. So entstehen immer mehr Pelzgeschäfte, obwohl genug Marktlücken da wären: Es gibt in Rhodos beispielsweise noch keine Konditorei mit deutschen Kuchen und Torten – und auch noch keine Buchhandlung, die diesen Namen verdient.

Niko arbeitet in diesem Jahr ohne Verkäufer und spart damit die 20 Prozent Provision, die erfolgreiches Personal anderswo erhält. Billiger als bei der Konkurrenz sind seine Pelze dennoch nicht. Das ist ja auch gar nicht notwendig, da ohnehin jede Käuferin meint, ein Schnäppchen gemacht zu haben. Die Händler verstehen es geschickt, die Urlauber glauben zu machen, Pelze seien auf Rhodos zollfrei erhältlich, obwohl sie hier nicht preiswerter sind als auf Kós oder Kreta, Korfu oder Mykonos – anderen Touristenzentren, in denen man inzwischen die ursprünglich rhodische Geschäftsidee kopiert hat. So wird sich Niko denn wohl auch im nächsten Winter wieder einen sechswöchigen Urlaub in Südostasien leisten können, wo er dann kein einziges Schlückchen Kräutertee trinkt.

Den Regenschirm, den er mitnehmen wird, hat er selbstverständlich auf Rhodos gekauft. Auf ausländische Markenschirme werden auf dem Dodekanes nämlich fünf Prozent weniger Einfuhrzoll erhoben als im übrigen Griechenland. Schirme sind deswegen für griechische Urlauber, was Pelze für ausländische sind: das typische Souvenir. Was dazu geführt hat, daß die Schirmgeschäfte auf Rhodos die zweite große Schaufensterkette bilden, die auch in den heißesten Sommermonaten an den Winter und das Wetter daheim erinnern. *Klaus Bötig*

Jannis Ritsos auf Léros

GEGEN DIE MACHT

Der Name der Dodekanes-Insel Léros wird auf alle Zeit die Erinnerung wachhalten an ein finsteres Kapitel griechischer Geschichte: als Kerker des Regimes der Obristen Papadopoulos und Pattakos. Zum anderen mag Léros auch ein Synonym für die Unbeugsamkeit menschlichen Geistes sein: Jannis Ritsos, einer der Großen der griechischen Gegenwartsliteratur, hat hier gelitten und überlebt. Ein Mann, der fast sein ganzes Leben lang politisch verfolgt war, dessen Lebenslauf die tragische Geschichte seines Landes widerspiegelt. Ein Mensch, für den die höchste Tugend die Bejahung alles Menschlichen ist. Jannis Ritsos wurde 1909 in Monemvasía auf dem südöstlichen Peloponnes als Kind einer verarmenden Gutsbesitzerfa-

Jannis Ritsos in seiner Athener Wohnung. Die Biographie des berühmten griechischen Dichters spiegelt die Brennpunkte griechischer Geschichte in diesem Jahrhundert

milie geboren. Lange Jugendjahre verbrachte er, an einer Lungenkrankheit leidend, in verschiedenen Sanatorien. Die Unwürdigkeit der Unterbringung der Siechen trieb ihn früh zu einem entschiedenen sozialen Engagement. Das bewegende Zeitungsbild einer trauernden, über ihren 1936 während der Metaxas-Diktatur bei einer Demonstration getöteten Sohn gebeugten Mutter läßt eines der einfühlsamsten Gedichte entstehen: „Epithapios". Es ist in zwanzig Gesänge gegliedert, die sich vom Ausdruck des Schmerzes über die Klage bis zum Bekenntnis der Kampfbereitschaft steigern. Dieser Liederzyklus hat das fünfzehnsilbige Versmaß des griechischen Volkslieds – eine Form, die Ritsos meisterhaft beherrscht. Mikis Theodorakis hat dieses Gedicht in den fünfziger Jahren vertont; begeisterte Menschenmengen haben es immer wieder gesungen.
Alle diktatorischen Regimes der letzten Jahrzehnte haben Ritsos' die Macht und Gewalt entlarvende Lyrik gefürchtet. Immer wieder ließen sie den Dichter inhaftieren, verbannen oder unter Hausarrest stellen. Heute lebt Jannis Ritsos in Athen. *Tibor M. Ridegh*

HERAKLES UND WIR

... Wir aber, Kinder von Sterblichen, ohne Lehrer, mit unserem eigenen Willen nur,
mit Beharrlichkeit, und Überlegung und mit Kummer wurden wir, was wir geworden sind. Keinesfalls
fühlen wir uns unterlegen, noch senken wir den Blick.
Unsere einzigen Urkunden – drei Worte: Makroníssos, Járos und Léros.
Und wenn euch unsere Verse
eines Tages ungeschickt erscheinen, denkt nur daran, daß sie geschrieben wurden
unter den Augen der Wächter und mit der Lanze immer in unserer Seite.
Sie bedürfen auch keiner Rechtfertigung – nehmt sie so nackt, wie sie sind,
mehr hat euch zu sagen der trockene Thukydides als der so kunstvolle Xenophon.
Straflager für politische Gefangene Parthéni/Léros,   21. 10. 1968

PERSPEKTIVE

Unsere Häuser sind auf anderen gebaut, geradlinigen aus Marmor,
und die wiederum auf anderen. Ihr Fundament
ruht auf den Häuptern aufrechter Statuen ohne Hände,
so niedrig, auf den Feldern, unter Ölbäumen, und eng die Hütten,
klein, verraucht, mit einem Krug neben der Tür,
daß du glaubst, hoch oben zu sein, vom Wind umflimmert,
oder manchmal, draußen, außerhalb zu sein,
kein Haus zu haben, nackt umher zu irren,
alleine unter einem furchtbar blauen oder weißen Himmel,
und eine Statue, bisweilen, lege leicht die Hand
auf deine Schulter.   1963

Ritter Friedrich hoch zu Roß

DRACHENKAMPF

Was rennt das Volk, was wälzt sich dort / die langen Gassen brausend fort? / Stürzt Rhodos unter Feuers Flammen? / Es rottet sich im Sturm zusammen, / und einen Ritter, hoch zu Roß, / gewahr' ich aus dem Menschentroß; / und hinter ihm, welch Abenteuer! / bringt man geschleppt ein Ungeheuer; / ein Drache scheint es von Gestalt / mit weitem Krokodilesrachen, / und alles blickt verwundert bald / den Ritter an und bald den Drachen.

Schillers Heldenlied vom „Kampf mit dem Drachen", mit seinen 300 Verszeilen einst der Schrecken aller Gymnasiasten, spielt auf Rhodos, und mit ein bißchen Phantasie lassen sich seine dramatischen Vorgänge auch heute noch nachvollziehen – an Ort und Stelle.
Die Bucht von Triánda, wo das Ungetüm an Land gegangen ist, liegt eine gute Stunde Fußmarsch vom Stadtzentrum entfernt, an der Küstenstraße nach Kamíros. Hier zwängte sich, bis die Bagger einer Hotelgroßbaustelle keinen Wurzelballen mehr auf dem andern ließen, die einst als wildromantisch besungene Sandruli-Schlucht in den Filérimos. Im kühlespendenden Schatten abseits der Straße versammelte Sultan Süleiman der Prächtige die Seinen zu üppigen Picknicks, und ebendort – so berichtet die Sage – ging Anno 1342 ein Krokodil an Land und ließ sich in einer Naturhöhle des sumpfigen Geländes nieder. Sarazenen, zu Schiff unterwegs, hatten die Bestie als possierliches Jungtier aus Alexandria mitgenommen, doch das Maskottchen wuchs heran und drohte zur Gefahr an Bord zu werden. Da warf man den „Drachen" ins Meer, und von dort rettete sich das verstoßene Monstrum schwimmend an Land. In der Sandruli-Schlucht richtete es sich häuslich ein.
Tief in den Fels, auf dem es hängt, / ist eine

Jannis Ritsos' Bilder auf Steinen entstanden in den Jahren seiner Haft, so auch 1968–74 im Lager auf Léros: stiller Widerstand gegen die Brutalität der Unterdrücker

„Wir sind eines der wenigen Länder mit mehr Emigranten und Flüchtlingen als Einwohnern."

„Schließe Griechenland in dein Herz – und du kriegst einen Infarkt."

„Hellas wird nie untergehen (Aber keine Angst: wir versuchen es weiter)."

Nikos Dimou:
Das Unglück, Grieche zu sein

MERIAN 13

Corso

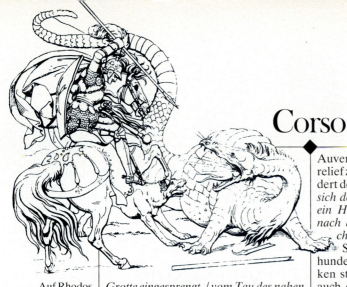

Auf Rhodos spielt Schillers Heldengedicht vom „Kampf mit dem Drachen". Die dramatischen Ereignisse lassen sich mit etwas Phantasie am Ort nachvollziehen

Grotte eingesprengt, / vom Tau des nahen Moors befeuchtet, / wohin des Himmels Strahl nicht leuchtet.
Hier also hat das Reptil seine Klagerufe ausgestoßen und die Bewohner der Gegend irrtümlich glauben gemacht, ein mutterseelenallein gelassenes Kleinkind schreie um Hilfe – bis das Tier aus seinem Höhlenversteck hervorschoß und über die *bona fide* zur Rettung Herbeigeeilten herfiel …
Schillers Ballade spielt zu der Zeit, als die Insel von den Johannitern regiert wurde. Das Krokodil schonte klarerweise auch die hohen Herren nicht und verschlang wahllos, was mit Lanze und Schild zu seiner Vertilgung auszog. Dem Edelmann Dieudonné de Gozon ließ das Wüten des *orribile dragone di pessimo naturale* keine Ruhe: Er begab sich auf das heimatliche Gut in Frankreich, übte sich dort anhand einer „getreu den wohlbemerkten Zügen" aus Pappe nachgebildeten Tierattrappe im Erlegen von Krokodilen, kehrte mit zweien seiner besten Hunde auf die Insel zurück und wagte, was allgemein als menschenunmöglich galt. Die Sage berichtet in dramatischen Details von jenem „Kampf mit dem Drachen", und Schiller, der von dem Stoff erfuhr, bereicherte sie um weitere: *Hin sinkt es und begräbt im Falle / mich mit des Leibes Riesenballe, / daß schnell die Sinne mir vergehn; / und als ich neugestärkt erwache, / seh' ich die Knappen um mich stehn, / und tot im Blute liegt der Drache.* Nach vollbrachter Tat zog der wackere Rittersmann im Triumphzug durch die Straßen der Stadt, das erlegte Untier ans Pferd gebunden hinter sich herschleifend.
Im vorigen Jahrhundert entdeckten französische Archäologen in einem der ehemaligen Ritterquartiere eine Darstellung der *lutte dramatique*, und über einem der Torbögen der Herberge der Auvergne ist noch heute jenes Drachenrelief zu sehen, auf das wie maßgeschneidert der Schiller-Vers paßt: *Lang strecket sich der Hals hervor, / und gräßlich, wie ein Höllentor, / als schnappt' es gierig nach der Beute, / eröffnet sich des Rachens Weite.*
Später, als die Insel fast vier Jahrhunderte unter der Herrschaft der Türken stand, machten diese („Mut zeiget auch der Mameluck") dem christlichen Ritter sein Verdienst streitig und setzten ihre eigene Version in Umlauf: Ein heiliger Derwisch habe das Monstrum zur Strecke gebracht.   *Dietmar Grieser*

Gipfel, Gräber und Geehrte

Kohl für Kálimnos

Anfang Dezember 1988 kamen die Staats- und Regierungschefs der Europäischen Gemeinschaft auf Rhodos zu einem ihrer Gipfeltreffen zusammen. Bei dieser Gelegenheit wurden sie von den Inseln des Dodekanes zu Ehrenbürgern ernannt – eine symbolische Auszeichnung, die das Recht auf ein kostenloses Grab nach dem Tod einschließt. Bundeskanzler Helmut Kohl wurde vom Stadtrat der Schwammtaucher-Insel Kálimnos einstimmig in den Ehrenbürgerstand erhoben; nur die Kommunisten blieben der Abstimmung fern. Nach den Gründen für die Entscheidung befragt, erklärte Bürgermeister Michalis Zaïris: „Über tausend unserer Bürger leben als Auswanderer in der Bundesrepublik. Es gibt also lebendige Bande. Außerdem wissen wir auch von Kohls Kämpfen für Europa." Vom neuen Ehrenbürger erwartet das Inseloberhaupt „eine bessere Behandlung unserer Landsleute in der Bundesrepublik und eine Werbung für unseren Fremdenverkehr".

Wer wo Ehrenbürger ist:
Astipálea: Poul Schlüter (Dänemark)
Chalkí: Margaret Thatcher (Großbritannien)
Kálimnos: Helmut Kohl (Bundesrepublik Deutschland)
Kárpathos: Charles Haughey (Irland)
Kássos: Wilfried Martens (Belgien)
Kastellórizo: Andreas Papandreou (Griechenland)
Kós: Felipe Gonzalez (Spanien)
Léros: Ciriaco De Mita (Italien)
Lipsí: Sir Henry Plumb, Ex-Präsident des Europäischen Parlaments
Níssiros: Anibal Cavaco Silva (Portugal)
Pátmos: Jacques Delors, Präsident der EG-Kommission
Rhodos: François Mitterrand (Frankreich)
Sími: Rudolphus F. M. Lubbers (Niederlande)
Tílos: Jacques Santer (Luxemburg)

Sie arbeiten in der Wirtschaft. Die Wirtschaft arbeitet für Sie.

Partizipieren Sie am Erfolg leistungsstarker deutscher Aktiengesellschaften: an neuen Technologien, Exportrekorden, Gewinnen, am Wachstum. Dies ist der Weg:

1. Sie kaufen Anteile unseres Aktienfonds INVESTA.

2. Wir legen Ihr Geld in ausgewählten Spitzenwerten an. Zum Beispiel: Siemens, Daimler Mercedes Holding, BASF, Bayer, Hoechst, Deutsche Bank, Linde, VEBA u.a.

3. Bei dieser Anlage verfolgen wir ein doppeltes Ziel: Einmal wollen wir für Sie einen guten Wertzuwachs erwirtschaften. Zum anderen möchten wir das Risiko auf ein Minimum beschränken.

4. Um Dispositionen und die Verwaltung Ihres Aktienvermögens brauchen Sie sich selbst nicht zu kümmern: Das erledigen wir für Sie!

INVESTA-Anteile und nähere Informationen bekommen Sie bei unseren Gesellschafterbanken. Es sind die **Deutsche Bank** ⬚ und weitere deutsche Banken und Bankiers.
Oder schreiben Sie uns:

DWS Deutsche Gesellschaft für Wertpapiersparen
Postfach 10 06 20, 6000 Frankfurt 1

 Kompetenz. Und Phantasie.

VON INSEL ZU INSEL: DAS SONNIGE DUTZEND

Eine vergnügliche Reise zu den Menschen, Tieren und Kratern des Dodekanes
Von Johannes Lehmann

Sími segnet ein reparaturbedürftiger Christus Inseln und Meer. In den Sagen des Altertums war der Dodekanes ein Lieblingsplatz der Götter

Von der alten Pracht blieben die Fassaden

Der Hafen von Kastellórizo,
Griechenlands letzter Insel in Sichtweite der türkischen
Küste, hat seine besten Zeiten
längst hinter sich. Einst lebten 17000 Menschen in der
Stadt am Berghang, heute sind es 172

Fast jeder Tag im Kirchenjahr ist ein Fest

Kiotári ist ein Weiler an der Ostküste
von Rhodos. Die Menschen hier leben vom Fischfang. Vom
großen Kloster ist nur die kleine Kirche geblieben.
Daß auch die heiligen Gerätschaften einen profanen Hausputz
nötig haben, ist selbstverständlich

ABEND-STIMMUNG ÜBER DEM KRATERRAND

Wenn im Oktober auf der Insel Níssiros die Saison vorbei ist, kehrt Ruhe ein in das *kafeníon* mitten in Emporió, von wo der Blick direkt in den toten Vulkan geht. Erst im Mai, wenn die Fremden wieder kommen, kehrt auch das Leben zurück

Ein grünes Paradies in der grauen Mondlandschaft

Wo einst das Erdinnere nach außen
schoß, zeigt der Vulkankessel auf Níssiros ein doppeltes
Gesicht: Die Kraterwüste, aus der
immer noch heiße Dämpfe steigen, grenzt an fruchtbares
Ackerland und üppigen Baumbestand

Mit den Menschen sterben die Traditionen

Die Inseln, die die Götter liebten, werden seit langem von den jüngeren Bewohnern verlassen: sie sehen hier keine Zukunft. Messanagrós auf Rhodos, wo alte Frauen in Schwarz und mit traditionellem weißen Witwenband das Dorfbild prägen, ist kein Einzelfall

DAS SONNIGE DUTZEND

Einsam in der Weite der Ägäis liegt Astipálea, die westlichste Insel des Dodekanes. Venezianer erbauten im Mittelalter die Burg hoch über der gleichnamigen Stadt. Nur per Schiff erschließt sich dem Reisenden die Vielfalt dieser Inselwelt

Von *dodeka*, von zwölf, kann gar keine Rede sein. Achtzehn sind es allemal, und zählt man auf den Seekarten zusammen, was einem Segler alles in die Quere kommen kann, dann besteht das Dutzend des Dodekanes sogar aus rund zweihundert Inseln, Inselchen und Klippen, die wie die Glieder einer Kette vor der türkischen Küste verstreut liegen. Aber was will man machen. Als 1908 zwölf dieser Inseln gegen die Türken den Aufstand probten, tauchte in der Presse wieder die alte byzantinische Bezeichnung Dodekanes auf, und bei dieser heiligen, wenn auch falschen Zahl blieb es. Der kleine Touristendampfer, auf dem wir uns

leichtsinnigerweise in Kós eingeschifft haben, fährt gerade an Kálimnos vorbei, die Honigreiche, wie Ovid sie nennt, zwölf Kilometer nördlich von Kós und etwa ebenso weit vom türkischen Festland entfernt. Doch weder der Honig noch die Wälder der Antike haben Kálimnos berühmt gemacht, sondern die Schwammfischerei. Aber längst ist, wie beim Fischfang, alles leer- und kaputtgefischt, so daß die Männer im Frühjahr an ferne Küsten ziehen. Es ist ein gefährlicher Beruf, und ich frage mich, was dafür steht. Wer braucht heute noch Naturschwämme wie zu Homers Zeiten, als die Helden von Troja ihre Rüstungen innen mit Schwämmen auspolsterten? Aber wovon sollen die Kalimnioten leben? Die Touristen tuckern trotz heldenhafter Bemühungen der Reisebranche an Kálimnos genauso vorbei wie an den anderen Inseln, die zwischen Rhodos, Kós und Pátmos liegen.

Nicht so an Kárpathos, wo bereits dreimal die Woche Chartermaschinen landen und alles durcheinanderbringen. Mit dem bekannten Zauberwort *Ávrio!* tröstete uns Mikes an der Hotelrezeption, als plötzlich kein Wasser mehr aus der Leitung kam und das Klo unbenutzbar wurde. „Morgen" bedeutete von da an, ganze zwei Stunden Wasser am Tag für das Hauptstädtchen Pigádia und jeden siebenten Tag nicht mal das, weil die erbosten Bergbauern einfach die Pipeline abgedreht hatten: für Touristenduschen *und* Obstplantagen reicht das Wasser nicht!

Auf offenem Markte dann der Weltuntergang: Das *kafeníon* erbebt in den Grundfesten. Unter Lebensgefahr trägt der Mikro auf seinem Tablettchen Kaffee an die Tische, wo sich die männlichen Heerscharen Pigádias die morgendliche Gigantenschlacht liefern, abwechselnd die Regierung stürzen, Chartergesellschaften enteignen oder bockbeinige Bergbauern reihenweise die Felshänge hinabstürzen – Demosthenes im Dutzend, mit pathetischen Gesten, gegen die Albrecht Dürers Apostel wie verklemmte Laienspieler wirken, während der Papás mittendrin schwarz, steil und schweigend zuhört, den Kopf mit dem *kalimaphion*, dem geistlichen Ofenrohr, gelegentlich interessiert schräg hält, dann wieder in göttlicher Ruhe seinen Kaffee schlürft, bis er schließlich eine Plastiktüte mit den Einkäufen unter seiner Soutane hervorsucht und sich heimtrollt. Da ist das Leben auf den anderen kleinen Inseln geradezu noch in Ordnung.

Astipálea, fast schon eine Kykladeninsel, macht sich ohnehin rar: Wenn schon mal ein Schiff vorbeikommt, hängt es vom Wind ab, ob man in den flachen, klippenreichen Buchten ausbooten kann. Und vom reichen „Tisch der Götter", wie man sie im Altertum nannte, werden heute nicht einmal mehr die Einheimischen satt.

Vergangen auch der Ruhm von Sími, das sich im Osten in die Ausläufer des türkischen Festlandes kuschelt und dessen König Nireus in der „Ilias" ausdrücklich als der schönste Mann des Trojanischen Krieges genannt wird (von Achilles natürlich abgesehen). Einst eine berühmte Schiffsbauinsel, lebt das wasser-, wald- und fruchtlose Sími heute vor allem von Ausflüglern aus Rhodos und vom Andenkenverkauf.

Níssiros, das – kreisrund und fast siebenhundert Meter hoch – wie eine riesige kopfstehende Zuckertüte aus dem Meer steigt, ist eine Insel für Unentwegte, für all jene, die auf Bequemlichkeiten verzichten können. Denn wenn schon, muß man zu Fuß hinauf- und hinabsteigen zum Vulkankrater, in dem es an einigen Stellen noch dampft und pfuiteuflisch nach Schwefel riecht – letzte Erinnerung an den wütenden Poseidon, der im Zorn ein Stück von Kós abgerissen, auf den fliehenden Giganten Polybotes geworfen und ihn bekanntlich just da begraben haben soll, wo heute Níssiros liegt.

Wir freilich, von der Zivilisation schon ein wenig verzärtelt, hatten uns in den Kopf gesetzt, den Vulkankegel per Esel zu erklimmen. Das hätten wir lieber nicht tun sollen, denn Panajotis, genannt Bano, der in unserer Nähe, schon seit Stunden unauffällig als selbsternannter Reiseführer herumschwirrte, pries sich sofort als Geschenk des Himmels an. Denn o Wunder: Zufällig wolle er am nächsten Morgen ganze Eselsherden auf den Vulkan treiben. Als Gnadenerweis würde uns Bano zwei Tiere zur Verfügung stellen.

Nachdem wir daraufhin den Abend mit seiner erstaunlich weitläufigen Verwandtschaft verbracht und einiges an Retsina bezahlt hatten, war er in der Frühe tatsächlich mit seinen Eseln zur Stelle. Allerdings konnte von einer Herde keine Rede sein: Es waren zwei schmächtige Tiere. Sie gehörten auch nicht ihm, er besaß gar keine Esel. Und überhaupt: Er habe wegen unserer Eseltour für den Nachmittag eine Arbeit absagen müssen. Ja, ob wir denn nicht bis Mittag zurück wären? Natürlich, aber zwei Arbeiten an einem Tag? Gesegnetes Hellas, wo solche Antworten noch selbstverständlich sind.

Auf halbem Wege zwischen Kós und Rhodos dann Tílos, auch so ein Aschenbrödel am Rande der Welt, mit den üblichen venezianischen Festungsruinen, einer Schar kleiner byzantinischer Kirchen und herber Landschaft ringsum. Hier ist das Leben noch so einfach wie die erstaunlichen Maßstäbe, die Kostas aus Deutschland mitgebracht hat und voll Stolz bei uns ausprobiert. Das Zimmer zum Beispiel, das er uns im Hafen von Lívadia anbietet, ist „gute Kartoffeln", die Tatsache, daß so wenig Gäste kommen, „schlechte Kartoffeln". Wer macht hier auch schon einen Stopp? Inselspringer mit Schlafsack, Menschen, die den Mut haben, das Abseits zu suchen.

Unser Schiffchen auf dem Wege nach Pátmos schaukelt nach allen Regeln des Meltemi. Wer hat aber auch ahnen können, daß dieser Sommerwind heute morgen wieder so kräftig blasen würde. Er kippt das Schiff von einem Wellental ins andere und hebt es wundersam und behende in den Himmel. Wenn links Kálimnos und rechts ganz Vorderasien verschwindet und statt dessen gallegrünes Wasser vor den Fenstern aufsteigt, scheint der Untergang nahe.

Das Rudel rheinischer Frohnaturen, das das Schiff in Kós geentert hat und seitdem nach Gutsherrenart beherrscht, gedenkt freilich den Gewalten zu trotzen. „Mir wird nicht schlecht", beteuert eine Walküre, und tatsächlich sind es dann auch, allen voran, die griechischen Bäuerinnen auf dem Hinterdeck, die als Angehörige der seefahrenden Nation zuerst der Unbill nachgeben. Ohnehin schwarz gekleidet, leiden sie alle wie Niobe, laut und anschaulich, halten Kinder an sich gepreßt, die bei jedem Wellental begeistert aufjauchzen, schlagen Kreuze, als ob sie unsichtbare Maschen häkelten, *kyrie eleison*, werfen dramatisch die Arme in die Luft und versteinern zusehends von Wellental zu Wellental. Kein Wunder, schon der Apostel Paulus war auf dem Weg nach Rom hier in der Nähe von Kós in Schwierigkeiten geraten. „Nur mit Mühe gelangten wir auf die Höhe von Knidos", heißt es in der Apostelgeschichte (27,7). Überhaupt so eine Stelle für Katastrophen. Ovid beschreibt eine aus der Vogelschau: „Und schon lag Sámos, die Insel der Juno, links, . . . rechts war Lébinthos und das an Honig so reiche Kálimnos." Gleich hier um die Ecke geschah es dann, daß ein väterliches Gebot leichtsinnig übertreten wurde: „Ich mahne dich, Ikarus, fliege stets auf dem mittleren Pfad! Denn wenn du dich tiefer hinabsenkst, lastet das Naß auf den Federn, wenn höher, verbrennt sie das Feuer." Zweihundert Kilometer waren sie von Kreta aus schon als erste Menschen geflogen, wie Ovid in den „Metamorphosen" berichtet (VIII, 220 f), und alles war gutgegangen. Hier zwischen Kálimnos und der Sporadeninsel Sámos geschah es dann: „Da begann sich der Knabe des kühnen Fluges zu freuen und verließ seinen Führer: von Himmelssehnsucht gezogen, stieg er noch höher hinan. Die Nähe der raffenden Sonne schmelzt das duftende Wachs, das Bindemittel der Federn. Schon ist das Wachs zerflossen: jetzt schwingt er nur noch die Arme, aber er faßt keine Luft – es fehlen ihm gleichsam die Ruder –, und sein Mund, wie er schreit nach der Hilfe des Vaters, im blauen Wasser versinkt er. Das Meer hat nach ihm den Namen erhalten." Im Ikarischen Meer befinden wir uns ja auch, im Norden begrenzt von der Insel Ikaría, wo Dädalus den Leichnam hinbrachte. „Und er verflucht seine Kunst und birgt im Grabe des Sohnes Leiche ..."

Inzwischen waren auch die Frohnaturen erst still und dann grün geworden. Nur zwei krebsrote Engländer, die immer alles *isn't it . . . ?* finden, genießen den Weltuntergang in vollen Zügen. Ich ging an Deck, wo der Herr Kapitän barfuß und unrasiert souverän seines schweren Amtes waltet. Wenn man den Horizont fixiert, wird einem nicht schlecht, hatte ich gelesen. Ich starre also auf Kálimnos, auf die kahlen Berge, die schluchtenreiche Küste. Aber wie soll man den Horizont fixieren, wenn er immer wieder fort ist. Doch der Orient ist voller Wunder: Waagerecht und ohne Schwanken schwebt in einer Wasserstaubwolke ein fliegender Teppich an uns vorbei, als gäb's keine Wellen und keinen Sturm – ein Tragflügelboot voll heiterer Touristen. So kann man's auch machen. Kálimnos ist offenbar endlos. Oder ist es schon Léros, die nächste Insel, durch eine kaum zwei Kilometer breite Meerenge von Kálimnos getrennt? Léros hat kein friedliches Image. Im Ersten Weltkrieg war es wegen seines großen Naturhafens englischer Flottenstützpunkt, dann bauten die Italiener scheußliche Kasernen und die Griechen später eine psychiatrische Klinik. Schließlich benutzte die Militärjunta die abgelegene Insel von 1967 bis 1974 als Konzentrationslager für politische Gefangene (siehe Seite 12). Wie sich die Zeiten ändern: Ende des 11. Jahrhunderts hatte die byzantinische Kaisermutter Anna Dalassena die Insel dem heiligen Kloster Pátmos geschenkt, nachdem Pátmos zur Zeit der römischen Kaiser selbst Verbannungsort gewesen war.

Und da ist Pátmos: eine Fata Morgana über dem Wellengischt, ein himmlisches Jerusalem aus dem Meer, wie eine Vision fern am Horizont, steil, filigran und unwirklich. Man erblickt die Insel lange vorher, sieht sie wachsen und wuchtig werden. Die Hafenbucht ist ein alter Vulkankrater, an dem sich die Kafenions und Tavernen der Unterstadt drängen. Die vereinigten Niobes erwachen mit tausend *ella-ella*-Rufen – weiter, weiter! – wieder zum Leben, die Frohnaturen behängen sich entschlossen wieder mit ihren Kameras: Kultur genießen, Blick genießen, aber schnell, das Kloster macht gleich Mittagspause.

Hier, in dieser traumhaft schönen Landschaft, saß vor neunzehnhundert Jahren der Seher Johannes und schrieb in einer Höhle seine Offenbarung an die sieben Gemeinden in Kleinasien: „Denn die Zeit ist nahe ..." (siehe Seite 88). Heute drängen sich im Hafen Yachten aus aller Welt, und wer in der Welt der Schickeria etwas auf sich hält, besitzt hier eines der würfelförmigen Häuser, die am Klosterhang kleben. Wir kämpfen in den Tavernen um einen Sitzplatz. *Logarismó parakaló* „die Rechnung, bitte". Denn die Zeit ist nahe. Rückfahrt.

Gleich ist Pátmos wieder eine Insel der Ruhe. Der Zauberteppich schwebt nach Rhodos zurück und auch wir tukkern, diesmal auf spiegelglatter See, zurück nach Kós mit seiner harmloscharmanten Mischung aus antiken Tempelresten, Ritterfestung und Palazzi. Da ist die alte Agorá aus Zeiten, als Kós mit seinem am Berghang gelegenen Asklipion, der Tempelanlage zu Ehren des Heilgottes, ein beliebter Kur- und Badeort der Antike war, und Leute wie der römische Feldherr Pompejus vorbeischauten; immer schon ein wenig Provinz freilich, die nicht gegen König Mausolos und sein Mausoleum drüben im türkischen Halikarnassos oder gegen Rhodos, die Insel des Sonnengottes Helios und des Weltwunderkolosses, ankam.

Da zeigt man Gutgläubigen heute noch die uralte Platane in Kós-Stadt, unter der vor 2500 Jahren Hippokrates gesessen haben soll; am Elefteríaplatz erinnern Moschee und Minarett an die Türkenherrschaft und, ein Stück weiter, der große jüdische Friedhof an die Zeit, als Juden willkommener waren als Christen. Da sind die Ruinen der Johanniterburg und, wie fast überall auf dem Dodekanes, die neoklassizistischen Ziegeldachhäuser aus den Tagen der italienischen Besetzung, die in den Reiseführern nur ungenau beschrieben wird.

Es war ja auch etwas seltsam zugegangen. Eigentlich wollten die Italiener den Türken in Afrika Tripolis und die Cyrenaika wegnehmen, als sie 1911 den Mut zu einer Kriegserklärung fanden. Doch der Siegeszug blieb schon an der afrikanischen Küste stecken. Um das Türkische Reich dennoch zu erschrecken und womöglich in die Knie zu zwingen, besetzten die Italiener statt dessen im Frühjahr 1912 den wehrlosen Dodekanes, was die Türken überhaupt nicht störte, und ließen sich die Inseln nach dem Ersten Weltkrieg als legalen Besitz gutschreiben. So waren die Griechen vor der türkischen Küste auf einmal italienische Staatsbürger, und das waren zunächst „gute Kartoffeln" nach vierhundert Jahren Türkenherrschaft – bis dann mit der faschistischen Diktatur die Zeit der „schlechten Kartoffeln" anfing.

Immerhin: Die Italiener forsteten ganze Landstriche auf, bauten Städte wie Kárpathos oder das moderne Rhodos und prägten das architektonische Erscheinungsbild vieler Inseln. Archäologen sichteten und restaurierten den antiken Bestand. Ein bescheidener Tourismus kam in Gang, an den das heute leerstehende Grandhotel des Roses in Rhodos erinnert.

Inzwischen wird es dämmrig, die türkische Küste färbt sich imponierend rot. Schön sieht's aus, und die Frohnaturen machen alle das gleiche Sonnenuntergangsschlußbild für die Diaserie. Wir freuen uns auf den Abendbummel unter Platanen, die Tavernen am Hafenbecken und den Blick auf die dümpelnden Yachten.

Am nächsten Morgen sollte es nach Rhodos zurückgehen, doch mit dem *avrio* ist das hier bekanntlich so eine Sache. Ich wachte mit fürchterlichen Zahnschmerzen auf. Aber das war kein Problem auf dieser Insel der Heilkunst. Der Zahnarzt hatte gerade seinen Bootsmotor geölt, wischte sich die Finger ein bißchen ab und fuhr mir ins Maul. Als ich mich standhaft gegen das Herausreißen ganzer Zahnreihen wehrte, fiel ihm außer einer Penizillinspritze ein weniger rabiates, aber ebenso schmerzstillendes Heilmittel ein, um das ihn der alte Hippokrates beneidet hätte. Fünfmal mußte ich den Mund öffnen, fünfmal goß er mir einen doppelten Metaxa in den Schlund und überließ es dann der Frau Gemahlin, mich ins Hotel zu schleifen. Rhodos konnte ich nicht sonderlich genießen. Die Spritze hatte – passend für die Insel des Sonnengottes – eine Sonnenallergie bei mir ausgelöst.

JOHANNES LEHMANN, *1929 in Indien geboren, Dr. phil., ist Redakteur des Süddeutschen Rundfunks. Sein Hauptinteresse gilt der Kulturgeschichte des Mittelmeerraums.*

Werkstoffe, die frischen Wind in die Freizeit bringen.

Der Surfsport hat sich seit der Erfindung des „Stehbrettseglers" beachtlich entwickelt.

Waren die Surfer anfangs noch von dem Wunsch beflügelt, trotz schwerem Gerät ins Gleiten zu kommen, so treibt heute technisch ausgereiftes Material die Aktiven mit mehr als 30 Knoten übers Wasser.

Worauf Profis und Cracks besonders fliegen, nennt sich ®Hostaphan und kommt von Hoechst. Es ist eine Polyesterfolie, mit der man Segeltuch verstärken oder völlig ersetzen kann.

Diese Folie ist praktisch nicht dehnbar. Die Windenergie wird also unmittelbar in Schub umgesetzt.

Das Segel, das im Idealfall die Proportionen einer Tragfläche hat, bleibt stabil.

Folien für Weltcup-Sieger.

Durch die glatte Oberfläche werden Reibungsverluste wesentlich verringert. Das Material ist hochfest, nimmt kein Wasser auf und ist extrem leicht. Da es durchsichtig ist, ermöglicht es in jeder Situation eine freie Sicht.

Kein Wunder also, daß die Weltelite unter den Aktiven mit Folien von Hoechst durchs Ziel fährt. Allen voran Björn Dunkerbeck, der World Cup Sieger von 1988.

Auch bei den Boards haben Werkstoffe von Hoechst für frischen Wind gesorgt.

„Hi Fly" und „Tiga" zum Beispiel setzen auf ®Hostalen PP, einen Kunststoff mit brillanten Eigenschaften.

®Hoechst High Chem

Auch in der Verarbeitungsfähigkeit: Im Gegensatz zu früher, als man die Boards noch Schicht um Schicht aufbaute, wird der Hostalen PP-Hohlkörper in einem Arbeitsgang gefertigt.

Durch die gleichmäßige Wanddicke von nur 1,5 mm entsteht ein Leichtgewicht ohne Schwachstellen: Selbst die größte Ausführung bringt ausgeschäumt und komplett mit Mast und Segel gerade 19 kg auf die Waage.

Und das bei hoher Gebrauchstüchtigkeit.

Denn Hostalen PP ist bruchfest, schlagfest, hart und abriebfest und bildet eine rutschfeste Oberfläche.

Neue Kunststoffe machen das Rennen.

Surfboard-Hersteller haben noch einen anderen Hochleistungs-Werkstoff von Hoechst für sich entdeckt: Das ungewöhnlich widerstandsfähige, hoch schlagfeste ®Hostaform S. Und zwar sowohl für den Mastfuß und die Mastfuß-Basis, die im Board verankert ist, als auch für die jüngste Generation von Fußhalterungen. Sie öffnen sich, ähnlich wie Skibindungen, bei Überbelastung und schützen damit vor Gelenk-Verletzungen. Und so gibt es noch viele Beispiele, wie Hoechst High Chem die Entwicklung in Freizeit und Sport mit neuen Ideen beflügelt.

Hoechst AG, VZW
6230 Frankfurt am Main

RHODOS: EINE SÄU

Die Hauptstadt der größten Dodekanesinsel ist ein Urlaubsrenner. Eine Mischung aus Ori

LE DES TOURISMUS

ntike und Mittelalter – mit Sonne satt   Von Egon Scotland und Guido Mangold (Fotos)

Rund eine Million Besucher kommen jährlich. Eine Stippvisite geht stets zu den Resten der Akropolis auf dem Monte Smith im Süden von Rhodos-Stadt

NOCH WEICHT DAS ALTE DEM BETON NICHT GANZ

Am Monte Smith haben die Bauern in Sichtweite der Hotelburgen und Strände ein Stück ihrer einfachen Lebensweise erhalten können

IM HAUSE ALLAHS WAR FÜR VIELE PLATZ

Die Süleiman-Moschee liegt in der christlichen Altstadt. Unter den Türken lebten auf Rhodos Moslems, Christen und Juden friedlich zusammen

DIE RITTER KAMEN MIT KREUZ UND SCHWERT

Die Italiener bauten in den Jahren 1912 bis 1943 den Großmeisterpalast am Hafen neu: Erinnerung an die Zeit, als auf Rhodos die Johanniter herrschten

EINE SÄULE DES TOURISMUS

Menschenmassen decken im Sommer buchstäblich alles zu, was sie hergelockt hat: Sand, Straßen und Gassen, Tavernen und Parks. Dennoch bezaubert die Ankunft in Rhodos mit dem Schiff auch während der Hochsaison. Beiderseits der Einfahrt zum Hafen Mandráki stehen auf Säulen zierliche Statuen der Wappentiere Hirsch und Hirschkuh, an der gleichen Stelle, wo zwischen 290 und 224 vor Christi Geburt der Koloß von Rhodos seine Beine gespreizt haben soll, ehe es ihn in die Tiefe zog. Damals war Rhodos schon alt und bedeutend, und es blieb ein Kultur- und Handelszentrum der Levante, trotz immer wieder wechselnder Machthaber wie Phöniziern, Griechen, Römern, Byzantinern, Sarazenen, Johannitern, Türken und Italienern.

Vom Meer aus gesehen, sticht neben den Bollwerken und dem alles überragenden Großmeisterpalast die schönste der italienischen Hinterlassenschaften ins Auge: der sakral anmutende, achteckige Pavillon im Innenhof der Néa Agorá, in dem die rhodischen Fischer ihre Fänge feilbieten. Ringsum kann man in einfachen Tavernen volkstümlich essen, wobei Giros auf die Hand und Fast-Food-Souvlaki dem zeitgenössischen griechischen Standard entsprechen. Aquarium und Markt, Rathaus und Regierungspalazzo, Nationaltheater, Gericht und die Kirche Evangelismós entlang der Prunkmeile Platía Eleftherías sind weitere unübersehbare architektonische Erbstücke der Italiener. Während ihrer Herrschaft über den Dodekanes von 1912 bis 1943 ließen sie ihrer Phantasie freien Lauf. Die Bauten protzen mit der imperialen Gebärde des Faschismus, mal mit einer Fassade à la Dogenpalast, mal mit gotischem und byzantinischem Zierat. Absonderlichstes Beispiel des Dranges der Besatzer, sich zu verewigen, ist übrigens der weitläufige Komplex des Thermalbades Kalithéa zehn Kilometer östlich der Stadt an der Küste. Seine brüchigen Ruinen setzten Kur-Visionäre szenisch markant ins felsige Gestade, voller Anklänge an orientalische Stile, voller Rundungen und schwingender Linien. Eine Fehlspekulation – das Wasser hielt nicht, was die Investoren versprachen. Wer sich dagegen fragt, woher die Trümmer und Baulücken in der Altstadt stammen, muß wissen, daß Rhodos im Zweiten Weltkrieg von Engländern, Italienern und Deutschen hart umkämpft war.

Erst Ende 1943 hatten die Italiener den Wiederaufbau des Großmeisterpalasts, heute Kulisse des allabendlichen „Son et Lumière", beendet. So wie er dasteht, soll das Hauptquartier der Kreuzritter ausgesehen haben, ehe eine Pulverexplosion es 1856 zerstörte. Außer antiken Bodenmosaiken aus Kós bietet das Innere wenig Beachtenswertes: es ist vor allem bombastisch. Leider sind die Wandbilder in den beiden Gewölbesälen hinter der Kassenhalle, die als Räume für das Personal dienen, meist nicht zu besichtigen. Dort hat der Maler Vellano seine Kollegen und Helfer, das gemischte Inselvolk, bunt, teils witzig und mimisch genau porträtiert. Jede Tafel zeigt neben dem christlichen Jahr 1940 treu das Datum der faschistischen Ära mit dem römischen Zählzeichen XVII.

Ein rund vier Kilometer langer Fußweg führt über die nahezu lückenlos erhaltene Mauerkrone rings um die Kuppeln und Palmenschöpfe der Altstadt. Lohnend ist auch ein Spaziergang durch die geräumige Schlucht zwischen innerem und äußerem Wall, wo sich ein eigenartiges, stilles, mit steinernen Kugeln übersätes Biotop befindet. Kurz vor dem Eingang zur Ritterstraße, der Odós Ippotón, nahe den einstigen Herbergen der Kreuzritter verschiedener europäischer Sprachen, steht das ehemalige Krankenhaus der Johanniter, das in den sechziger Jahren unter anderem Sitz des Archäologischen Museums wurde.

Nicht ein Hochhaus stört das Bild innerhalb der Festungsmauern. Die Behörden ziehen enge Grenzen zum Schutz des einzigartigen Ensembles der Altstadt. Dezimeterweise vermaßen Denkmalschützer Fassaden, Kieselpflaster und Steinplatten, wie man sie auf der Hauptstraße, der Odós Sokrátous, vorfindet. Neue Laternen wurden alten Vorbildern nachgeschmiedet; nachts wirft ihr gelbes Licht Schattenkreuze an die Mauern. Um die fünftausend Bewohner des historischen Kerns bei Laune zu halten und zu verhindern, daß sie gegen solche Einschränkungen ihrer ohnehin engen Wohn- und Arbeitsstätten aufbegehren, hält die Stadtverwaltung regelmäßig Versammlungen in den einzelnen Vierteln ab. Die Sanierung schreitet voran. Zweihundert Millionen Drachmen, umgerechnet gut 2,5 Millionen Mark, aus dem Mittelmeerprogramm der Europäischen Gemeinschaft fließen jährlich für diesen Zweck, und noch einmal soviel gewährt Athens Kulturministerin Melina Mércouri.

Freilich: 280 Millionen Drachmen kostet die Stadt jedes Jahr auch die Beseitigung des Mülls, den die Touristen verursachen; das sind 2,5 Kilogramm täglich pro Kopf der Bevölkerung (mehr als das Dreifache dessen, was zum Beispiel in der Bundesrepublik zugrunde gelegt wird). Allein 50 Menschen sind damit beschäftigt. 22 Millionen Drachmen kostet überdies die Reinhaltung der städtischen Strände.

**Das Problem ist nicht die Menge der Touristen, sondern ihr Verhalten", sagt Bürgermeister Sávvas Karagiánnis recht unverblümt. „Häufig meinen Menschen, hier in Rhodos mehr trinken zu können, als ihnen daheim erlaubt ist. Das haben wir nicht besonders gern." Karagiánnis meint damit besonders Skandinavier, die in den Alkoholläden zwischen den Hotels am Nordzipfel Hauptkunden sind: Dodekanesische Steuervorteile auf Spirituosen werden besonders plakativ auf finnisch, schwedisch, dänisch und norwegisch gepriesen. Da geht's bei Pelzen und Maßanzügen eher polyglott (und polyphon) zu. Couturier Sávvas Mamalingas, Ex-Konsul des Kaisers Haile Selassie von Äthiopien, spricht gleich seinen Kollegen genug Deutsch, Englisch und Italienisch, um lukrative Geschäfte zu tätigen. Auch Konditoren und Gastronomen haben kein Kommunikationsproblem; notfalls helfen bebilderte Speisekarten. „Rhodos war nie eine geschlossene Stadt. Wir

---

Für die Sanierung der historischen Altstadt zahlt auch die Europäische Gemeinschaft kräftig. Doch allein die Beseitigung des Touristenmülls kostet Millionen

tseeing: Am Großmeisterpalast beginnt der Rundgang um die Stadt

Fischhalle: Im Pavillon aus der Italienerzeit werden Meeresfrüchte verkauft

r: Die Sokratesstraße im Schatten der Süleiman-Moschee ist die Lebensader der Altstadt und die ertragsreiche Meile der rhodischen Geschäftsleute

sum: Unter der südlichen Sonne floriert vor allem der Pelzverkauf

Museum: In der alten Ritterstraße versucht man sich mit Galerie-Kunst

waren immer eine Kreuzung, immer eine Mischung, offen, beweglich, immer kosmopolitisch. Es gibt zweitausend Ausländer, die hier geheiratet haben. Das macht keinerlei Schwierigkeiten", sagt der Bürgermeister. Ebensowenig Probleme, meint er, habe die Stadt trotz aller Internationalität mit Rauschgift, Terror und Gewaltverbrechen.

Als einzige Moschee dient die Ibrahim-Pascha-Camii noch dem Gebet. Auch an normalen Freitagen kommen aber nur noch fünf bis sechs Männer. Am oberen Ende der Sokratesstraße verbirgt ein hohes Mauergeviert die Bibliothek des Fethi Pascha aus dem Jahr 1793. Der Wärter Hüseyn und seine Frau hüten Tausende von osmanischen, persischen und arabischen Büchern, darunter, wie es heißt, die Chronik der Eroberung von 1522, als über einhunderttausend Türken unter Süleiman dem Prächtigen Rhodos belagerten. Um jede Vitrine spannt sich eine Kette mit Vorhängeschloß. Interesse an türkischen Bau- und Kulturdenkmälern wird im modernen Griechenland kleingeschrieben.

Wie wenig national, wie verschlungen rhodische Lebensbahnen verlaufen, erzählt Necip Durukanli, der Inhaber des Autoverleihs Solon. Zusammen mit 103 anderen muslimischen Familien kamen seine Großeltern hierher, nachdem 1898 Kreta dem sterbenden Osmanenreich verlorengegangen war. Sie sprachen nur Kretesa, eine Sonderform des Griechischen, und wurden von Sultan Abdülhamid an der westlichen Küstenstraße, die heute zum Flughafen führt, in Reihenhäusern angesiedelt. Deshalb heißt das Viertel Kritiká. Als Junge lernte Necip Italienisch, Deutsch von 1943 bis 1945 in einer Autowerkstatt unter deutscher Leitung, Türkisch erstmals richtig als Marinesoldat der Türkei von 1945 bis 1947 an Bord des Kreuzers Goeben, den Kaiser Wilhelm II. dem Sultan überlassen hatte.

Necip weiß auch, wo im Vorort Mangavli, den die Italiener Casa dei Pini tauften, die deutsche Wehrmacht ein Straflager errichtet hatte. Der äthiopische Ex-Konsul war dort als junger Mann inhaftiert: „Jeden Tag gab es nur eine Handvoll Hühnerfutter, keine Baracken, keine Betten, zwei Schäferhunde und vierfachen Stacheldraht." Ein anderer alter Mann aus Mangavli kennt auch den Platz, wo noch in den letzten Kriegstagen Exekutionen in der Nische eines Kreidefelsens stattfanden. Unter zwei hohen Pinien am Gipfel eines Hügels sind Dutzende von Einschußlöchern sichtbar. Sonst weist nichts auf die düstere Vergangenheit des Ortes hin. Sattgrün leuchtet das immer noch von Schützengräben umgebene Feld im Frühling.

Der nationalsozialistische Rassenwahn schrieb auf Rhodos ein besonders übles Kapitel, das kein Reiseführer verzeichnet. 1944, ein Jahr nach Mussolinis Sturz, kommandierten zwei SS-Offiziere alle zweitausend Angehörigen der jüdischen Gemeinde am 20. und 21. Juli morgens in den Garten des Hotels Soleil, Sitz des vormaligen Luftwaffenkommandos der Italiener, zuerst die Männer, dann die Frauen und Kinder. Sie sollten angeblich „auf eine Insel in der Nähe" kommen und ihre Wertsachen mitbringen. Priester steckten den

Die Stadt war immer weltoffen, beweglich und international. Für die Juden galt Rhodos als Klein Jerusalem, denn es gab allein sechs Synagogen

Gefangenen durch den Zaun Lebensmittel zu. Zeugen berichten, ein Italiener, der nebenan Blumen wässerte und den Schlauch über die Mauer richtete, um den Durst löschen zu helfen, sei augenblicklich erschossen worden.

Nach ein paar Tagen wurden die Juden auf Frachtschiffe im Hafen getrieben. Unterwegs zerrissen sie ihr Geld und warfen es weg. Dann folgten die Odyssee bis Piräus und der Transport im Viehwagen nach Auschwitz, einen Monat lang. Viele starben schon unterwegs. Nur 151 Menschen entkamen den Vernichtungslagern. Heute zählt die jüdische Gemeinde in Rhodos nur noch an die vierzig Menschen. Einen Rabbi gibt es nicht mehr. Die 75jährige Lucia Sulam Modiano ist die einzige, die aus Auschwitz hierher zurückkehrte. Sie betreut die letzte von einst sechs Synagogen einer Stadt, die wegen ihrer rabbinischen Akademie einmal als „kleines Jerusalem" galt. Nur selten verirren sich Fremde in eine Nebengasse des Platzes der jüdischen Märtyrer, der Platía Martíron Evraion. Es ist beklemmend, wenn die alte Frau von Auschwitz erzählt. „Ich hatte noch nie im Leben Nebel gesehen, und Schnee kannten wir nur von den türkischen Bergen, die man an klaren Tagen von hier aus sieht... Immer gaben sie uns Schläge auf den Rücken mit dem Stock... Wir waren ja *cittadini italiani*. Immer haben sie uns gerufen Italiani, Makkaroni, Scheiße... Was bedeutet Scheiße?"

Lucia schenkt Besuchern Rosen, die in ihrem Garten wachsen und sagt: „*O chrónos éinai iatrós*" – die Zeit ist ein Arzt.

Die Friedhöfe am Ostrand der Stadt entlang der Küstenstraße nach Faliráki machen das Miteinander der verschiedenen Kulturen von Rhodos durch die Jahrhunderte deutlich. Weithin erkennbar an einem rotierenden Windrad liegt das Feld mit den islamischen Gräbern, darunter das des letzten Muftis von Rhodos, der 1974 starb. Ein volles Besucherbuch hat allein der britische Soldatenfriedhof gegenüber. Den sorgfältig gepflegten Gedenksteinen namenloser Toter ist der Satz *Known Unto God* eingemeißelt.

Rechts und links des Weges liegen ein älteres und ein neueres griechisch-orthodoxes Gräberfeld; es folgen auf der linken Seite der katholische Friedhof der Italiener, dann jener der jüdischen Gemeinde, auf dem Dutzende der regelmäßigen, schlichten Sarkophage Inschriften in französisch, spanisch, italienisch, griechisch und englisch tragen, die an die Opfer der Nazi-Barbarei in Auschwitz und Mauthausen erinnern. Etliche sind in spaniolisch (oder Ladino) abgefaßt, dem Idiom, das die sephardischen Juden beibehielten, nachdem Ferdinand II. von Aragon und Isabella von Kastilien sie 1492 aus Spanien vertrieben hatten. Sultan Bayezit II. hatte die Verfolgten als qualifizierte Kaufleute, Handwerker und Gelehrte in seinem Reich willkommen geheißen – in einem Reich, zu dem später auch Rhodos gehörte.

EGON SCOTLAND, *Jahrgang 1948, studierte unter anderem Orientalistik in Ankara und ist Redakteur der* Süddeutschen Zeitung.

...rlaune: Die Steuervorteile beim Alkoholkauf machen alle durstig

Mittelpunkt: Am Hippokratesplatz landet jeder, der die Altstadt besucht

...nerwelt: Beim täglichen Brettspiel im *kafeníon*, dem traditionellen Café, sind die Griechen unter sich – selbst in der belebten Sokratesstraße

...absziel: Das Leben in den Hotelburgen ist vielen schon Glücks genug

Strandleben: Platzangst darf man nicht haben. Urlauber lieben es hautnah

DIE WEISSEN RITTE

Einst herrschten sie über Rhodos, heute fahren sie als Retter durch unsere Städte. Hannes

Gut vorbereitete Bildungsreisende halten auf Rhodos bewußt Ausschau nach hellenistisch-antiken, byzantinischen oder islamisch-türkischen Bauwerken und anderen Überresten einer bewegten Historie. Unbedarfte Touristen und fröhliche Urlauber aber reiben sich oft verdutzt die Augen. Steht da inmitten einer mediterranen Stadt, die alle genannten baulichen Überreste tatsächlich aufweist, auch noch ein Stück wie Rothenburg ob der Tauber: ein ganzes Ritterviertel mit trutzigen Befestigungsanlagen.

Die „Ritterstraße" von Rhodos säumen Höfe in mittelalterlicher Bauweise, die einstigen Quartiere europäischer Ritter, die aus England, Frankreich, Deutschland und Spanien stammten und eine geschichtliche Epoche lang von hier aus weite Teile des Mittelmeerraumes beherrschten. Eine mächtige Festung erhebt sich in diesem Viertel und innerhalb der inneren Burgmauer steht der Palast des Großmeisters, denn dieses Stadtquartier von Rhodos war über 200 Jahre Residenz und Sitz eines Ritterordens, der zugleich ein souveräner Staat war.

Mit vollem Namen und Titel hießen diese Ritter „Der souveräne militärische und Krankenpflege-Orden des heiligen Johannes zu Jerusalem, zu Rhodos und zu Malta". Kurz und einfach wurden sie auch die „Johanniter" genannt. Im Stadtviertel der Krankenpfleger und Kreuzritter befindet sich auch das erste Krankenhaus der Johanniter auf Rhodos. Alle Gebäude sind – wie im Mittelalter üblich – reich geschmückt, besonders die der „Ritterstraße".

Ein Emblem kommt den Besuchern aus den europäischen Großstädten durchaus bekannt vor: das achtzackige Kreuz der Johanniter und Malteser. Fahren denn die alten Kreuzritter heute mangels Schlachtrössern mit Blaulicht und Sirene durch unsere Städte? Tatsächlich kommen sie aus der gleichen Familie: Die „Ritter mit dem Kreuz und Schwert" aus Rhodos, und die Helfer in den Ambulanzwagen haben eine gemeinsame Wurzel – eben jenen „souveränen militärischen und Krankenpflege-Orden". Aus dem Stammorden dieser Kreuzritter bildete sich in neuerer Zeit der katholische Zweig der Malteser und der evangelische Zweig der Johanniter. Die beiden christlichen Hilfsorganisationen sind in Europa und auch weltweit karitativ, sozial und in der medizinischen Hilfe tätig.

Insgesamt 8500 Mitglieder haben Johanniter und Malteser heute zusammen, das sind mehr als in der Blütezeit des Ritterordens. Ihnen steht, wie in der Bundesrepublik mit Malteser-Hilfsdienst und Johanniter-Unfall-Hilfe, eine große Anzahl von freiwilligen Helfern und Förderern zur Seite. Seit 900 Jahren ist die Aufgabe der Malteser und Johanniter unverändert geblieben, nämlich für die Armen und Kranken zu sorgen, ungeachtet der Rasse, Sprache oder Religion. In der Ordensregel heißt es: „Die Armen und Kranken sind unsere Herren und Meister". Die Helfer sind auf den Leprastationen Afrikas, im Erdbebengebiet der Anden, im überfluteten Bangladesch, im bürgerkriegsgeschüttelten Londonderry im Einsatz. Der deutsche katholische Krankenpflegezweig des Ordens, der Malteser-Hilfsdienst, hat bis 1975 in den Kampfgebieten Vietnams gearbeitet, drei Freiwillige verloren dort ihr Leben.

Mit der Einnahme der Stadt Rhodos im Jahre 1309 durch die Ritter des heiligen Johannes begann die Selbständigkeit (Souveränität) des Malteserordens als eigener Staat. Der heutige 78. Großmeister dieses Ordens, Fra Andrew W. N. Bertie, der seit 1988 im Amt ist, residiert in Rom. Er hat den Rang eines Kardinals der katholischen Kirche und ist formell zugleich Staatsoberhaupt; 38 souveräne Staaten haben diesen Ordensstaat offiziell anerkannt und unterhalten zu ihm diplomatische Beziehungen.

Die Entstehung des Malteser- und Johanniterordens reicht zurück ins frühe Mittelalter, in die Zeit der Kreuzzüge, als die Päpste zur Rückeroberung der vom Islam besetzten Heiligen Stätten im Vorderen Orient aufriefen und ein Sturm christlicher Begeisterung durchs Land ging. Insgesamt waren es sieben Kreuzzüge, die trotz vieler gewonnener Schlachten letztlich alle erfolglos für die Christenheit und siegreich für den Islam endeten. Jerusalem konnte zwar mit entsetzlichem Gemetzel auf beiden Seiten mehrmals von den Christen eingenommen werden, fiel aber postwendend an die islamischen Streitmächte zurück. An Verbitterung und gnadenloser Grausamkeit standen damals die christlichen Ritter den Kriegern des Islams in keiner Weise nach.

In diesem heiß umkämpften Jerusalem beginnt die Geschichte des Malteser- und Johanniterordens. Um die Not der vielen, oft schon krank ankommenden Pilger und Kreuzfahrer, und erst recht die Schmerzen der zahlreichen Verwundeten zu lindern, wurde in Jerusalem ein christliches Hospiz eingerichtet. Dessen erster Leiter war Bruder Gerhard, geweiht war es Johannes dem Täufer. Das Hospiz wurde bald auch Sitz einer von Bruder Gerhard gegründeten Krankenpflege-Bruderschaft, deren Mitglieder sich zunächst Johanniter nannten.

Schon bald bekam die Krankenpflege-Bruderschaft Verstärkung durch junge Kreuzritter aus dem Kreuzfahrerheer. Als Bruder Gerhard im Jahre 1120 starb, hatte er die Fundamente des Ritterordens gelegt. Die junge Vereinigung von Krankenpflegern und Kreuzrittern war jetzt bereits im Besitz von Kapital und Ländereien, die dankbare Kreuzritter aus ganz Europa gespendet hatten. Damals entstand auch das Emblem des Ordens: das achtzackige weiße Kreuz auf rotem Grund. Die acht Spitzen des Kreuzes sollten keineswegs eine besonders militante Form des Kreuzes sein, sondern die Mitglieder stets an die acht Seligpreisungen aus der Bergpredigt erinnern. Die Zusage Christi – „Was ihr den Geringsten unter meinen Brüdern getan habt, das habt ihr mir getan!" – steht am Anfang allen Malteser- und Johanniterdienstes.

Die Aufnahme der jungen Kreuzritter in den Orden verlief nach strengen Regeln. Der Novize mußte schwören, daß er weder verheiratet war noch Schulden hatte. Unerläßlich war auch seine adlige Abkunft. Er gelobte ferner, im Dienst des Ordens keusch und besitzlos zu bleiben und die Armen und Kranken als seine Herren und Meister zu betrachten. Der erste Ordensmeister, Raymund du Puy, vervollkommnete die zunächst vage formulierten Regeln und verlangte unerbittliche Härte von den idealistischen Edelleuten. Psychologen sehen heute in dieser Rigorosität einen der Gründe für spätere Gewalttätigkeiten und Greueltaten der jungen Ritter an „Feinden der Christenheit" – sozusagen als Ausfluß dieser „unnatürlichen Beschränkungen" für Menschen, die ja keineswegs fromme Kleriker mit rein geistlichen Aufgaben waren.

Von 1291 bis 1309 sammelte und regenerierte sich der Orden auf Zypern. Hier erfolgte eine wichtige strategische Umorientierung: Waren die Kreuzritter bis-

46 MERIAN

...R DES BLAULICHTS

...über den Weg der Johanniter vom Ordensstaat zum christlichen Engagement ihrer Anfänge

her vor allem auf dem Land zu Hause, so richteten sie als Inselbewohner von nun an ihr Augenmerk auch auf die See. Sie wurden vorzügliche Seesoldaten und verfügten sogar über eine eigene kleine Flotte im Mittelmeer. Dann zwang König Heinrich von Zypern die Hospitaliter, denen er nicht wohlgesonnen war, sich nach einem neuen Domizil umzuschauen.

Als Retter in der Not erschien ein genuesischer Abenteurer und Pirat namens Vignolo dei Vignoli. Der unterbreitete dem Großmeister den Vorschlag, von den beiden ihm zu Lehen gegebenen Dodekanes-Inseln Kós und Léros aus den ganzen Dodekanes zu erobern. Er verlangte dafür ein Drittel aller Einkünfte der Kreuzritter. Der Papst gab seine Einwilligung zu dieser Inselpiraterie; die meisten Inseln gehörten dem Kaiser von Konstantinopel. Daraufhin machten sich die Kreuzritter auf zum militärischen Inselhüpfen.

Die ersten Kriegsgaleeren der Johanniter und Genuesen landeten 1306 auf Rhodos und nahmen die hart verteidigte Burg Filerímos ein. Als die Verstärkungstruppe des Kaisers von Konstantinopel für die Verteidiger der Insel zunächst ausblieb und dann auch noch zum Feind überlief, fiel 1309 ganz Rhodos in die Hände der Kreuzritter. Diese richteten sich dort und auf den Nachbarinseln Kós und Léros auf Dauer ein.

Auf Rhodos entwickelte der Orden seine bis heute gültige Leitungsstruktur: An der Spitze steht der Großmeister, der damals zugleich Oberhaupt des souveränen Ritterstaates war. Die einzelnen Landsmannschaften unter den Rittern bildeten die sogenannten Zungen, an deren Spitze die Bailliers standen (abgeleitet von dem türkischen Wort *bailli* für Verwaltungsbeamten). Davon stammt auch die spätere Bezeichnung Balley für Ordensprovinz.

Für die Kreuzritter auf Rhodos kam die Zeit der harten Abwehrkämpfe gegen die Türken. Im Jahre 1480 belagerten Flotte und Heer des Sultans Mohammed die Insel. Dieser Kampf um Rhodos ist als eine der größten Belagerungsschlachten in die Militärgeschichte eingegangen. Die Türken setzten eine riesige Streitmacht und vor allem sehr zielgenaue, feuerstarke Kanonen ein. Erstmals wurden vom Sultan auch die berühmten und gefürchteten Janitscharen als Elitekämpfer in die Schlacht geschickt. Die am Ende erfolgreiche Abwehr der türkischen Übermacht durch die Johanniter ist bis heute unerklärlich geblieben. Damals wurde sie als Wunder gefeiert.

Das Ende kam am 26. Dezember 1522: Nach langen Kämpfen bot Sultan Süleiman der Prächtige den Kreuzrittern aus Respekt vor ihrer Tapferkeit freien Abzug an; nur ein Teil nahm mit dem Großmeister das Angebot an. Die anderen fochten weiter, viele verloren ihr Leben in diesem letzten Kampf. Ein großer Traum des christlichen Mittelalters ging mit dem Ritterstaat auf Rhodos zu Ende, aber wohl auch ein zeitbedingter Irrweg bei dem Versuch, das „Reich Gottes" schon auf Erden zu errichten.

Malta, das ihnen Kaiser Karl V. 1530 als Lehen überließ, wurde die neue Heimat der Johanniter, bis 1798 Napoleon Bonaparte die Insel kampflos einnehmen konnte. Großmeister Ferdinand von Hompesch unterzeichnete den angebotenen Friedensschluß. Der Ritterorden hatte längst seinen militärischen Sinn verloren und damit auch seine Kampfmoral; Hompesch fand im österreichischen Triest Exil. Es folgten einige recht verworrene Jahrzehnte der Ordensgeschichte, bis schließlich der Papst den Maltesern einen Ordenssitz in Rom anbot. Dort, im Vatikan, residiert – in einer Art souveränen Enklave – der Großmeister des katholischen Ordenszweigs bis heute.

Parallel zu der Entwicklung des Ritterordens im Mittelmeerraum zeigte die Balley Brandenburg des Ordens stets eine bemerkenswerte Eigenständigkeit, die im Jahr 1382 auch offiziell anerkannt worden ist. Diese Balley errichtete in der Mark und den angrenzenden Gebieten zahlreiche Kommenden, die jeweils mit Krankenhäusern und eigenen Kirchen ausgestattet wurden, um den karitativen Ordensauftrag zu erfüllen: die Pflege von Armen und Kranken.

In der Reformationszeit traten die meisten brandenburgischen Ordensritter zum evangelischen Glauben über. Sie blieben aber bis zur Aufhebung der Balley im Jahr 1811 und der damit verbundenen Einziehung des gesamten Besitzes zur Finanzierung der Kriegsfolgelasten noch Mitglieder des Gesamtordens. Im Jahr darauf schlug die Geburtsstunde des neuen, evangelischen Johanniterordens mit eigener Satzung, der seit 1852 auch wieder die alte Bezeichnung Balley Brandenburg führt. Seither haben sich die Johanniter, wie auch die katholischen Malteser, in Deutschland um die Krankenpflege gekümmert. Selbst bei der Gründung des konfessionell neutralen Roten Kreuzes waren führende Persönlichkeiten beider Orden beteiligt. Der Johanniterorden allerdings verlor nach dem Zweiten Weltkrieg den größten Teil seiner Besitzungen, da die meisten seiner Häuser in Ost- und Mitteldeutschland lagen.

Heute leitet als ehrenamtlich tätiger Herrenmeister Wilhelm Karl Prinz von Preußen den evangelischen Johanniterorden. Ihm zur Seite stehen das Ordenskapitel und, unter dem Ordenskapitel, die Ordensregierung. Sitz des Ordens ist Bonn, wo die Ordenswerke auch ihre Geschäftsstellen haben.

Der evangelische Johanniterorden und der katholische Malteserorden unterhalten gute Beziehungen. Sie bemühen sich als gemeinnützige Wohlfahrtsverbände um eine möglichst weitgehende Zusammenarbeit in ihren Hilfsdiensten und Einrichtungen. Sie erstellen gemeinsame Einsatzprogramme bei Katastrophen und stimmen auch ihre Krankenhäuser zur gegenseitigen Ergänzung und Kostenersparnis aufeinander ab. Ein Beispiel dafür ist Bonn, wo die Johanniter in ihrem Krankenhaus eine gynäkologische Station haben, dafür aber auf die Einrichtung einer Urologie ausdrücklich verzichten, weil diese schon im Malteser-Krankenhaus besteht.

Wer also im Ritterviertel der Altstadt von Rhodos jene Symbole wiederfindet, die ihm von den Unfall-Rettungsdiensten seiner Heimat in Erinnerung sind, dem erschließt sich ein großer historischer Bogen: der weite Weg der Kreuzritter von Mitteleuropa über Jerusalem nach Rhodos, Malta, Rom, Brandenburg und Bonn! Ein Weg voller Irrungen und Wirrungen beim blutigen Kampf um das christliche Abendland über die konfessionelle Spaltung des Ordens bis zum heutigen christlichen Dienst, der wieder an die Ursprünge des Ordens anknüpft: „Arme und Kranke sind unsere Herren."

HANNES BURGER, *Jahrgang 1937, lange Redaktionsmitglied der* Süddeutschen Zeitung. *Seit 1986 ist er freier Journalist und Schriftsteller in München und schrieb u.a. „Der Papst in Deutschland".*

Mit seinem durchdachten Sicherheitssystem ist ein BMW für alle Anforderungen des Straßenverkehrs gerüstet. Die BMW 5er z.B. schützen ihre Insassen durch eine computerberechnete Karosserienachgiebigkeit, die fester Bestandteil des passiven Sicherheitskonzeptes ist.

Dazu gehört das integrierte Stoßfänger-System, mit dem die 5er frontal auftreffende Energien absorbieren. In der Praxis funktioniert das so: Stoßfänger und Pralldämpfer fangen einen Aufprall bis 4 km/h problemlos auf, ohne daß bleibende Verformungen entstehen. Bei Geschwindigkeiten bis 15 km/h defor-

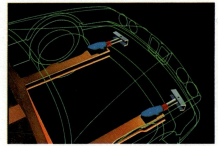

■ Das dreistufige Schutzsystem von BMW. Durch das Zusammenspiel von reversiblen Pralldämpfern, Prallboxen und nachgiebiger Knautschzone wird das Unfallrisiko gesenkt.

EINE KLUGE INVESTITION IN SACHEN SICHERHEIT.

mieren sich lediglich zwei nachgelagerte Prallboxen, die schnell und kostengünstig ausgewechselt werden können.

Die Karosserie bleibt unangetastet. Damit ist ca. 75% aller Frontalkollisionen der Schrecken genommen.

Erst bei noch höheren Aufprallenergien übernehmen die computerberechneten Knautschzonen sowie eine extrem steife Fahrgastzelle den Insassenschutz.

So viel Sicherheit wird auch von den Versicherungen honoriert: Die BMW 525i, 530i, 535i und 524td wurden bis zu 7 Kaskoklassen günstiger eingestuft als ihre Vorgänger.

Ein guter Grund für eine kluge Kaufentscheidung.

Die BMW 5er. Kauf, Finanzierung oder Leasing – Ihr BMW Händler ist der richtige Partner. BMW in Btx ★ 20900 #

Freude am Fahren

Klaus D. Francke

DER TRAUM VOM GLÜCK

Von Björn Engholm

Steil, schroff und urwüchsig: Kárpathos war lange ein Geheimtip für Liebhaber. Baden und spielen, essen und bootfahren, die Zeit scheint hier stillzustehen. Einer erzählt, warum er immer wiederkommt – heute ist er Ministerpräsident des Landes Schleswig-Holstein

Wie großes Spielzeug ist das Dorf Ólympos an die steilen Hänge im Norden von Kárpathos gestaffelt. Autos müssen am Ortseingang parken, Neubauten sind noch verboten

Abflug um 6.10 Uhr in Hannover, das heißt, gegen 3.30 Uhr aufstehen, den kleinen, in der Nähe des Flugplatzes Langenhagen gelegenen Gasthof etwa eine Stunde später verlassen, um gegen fünf Uhr unausgeschlafen, rotäugig und klapprig vor dem Charterschalter zu stehen. Die Maschine ist wieder irrsinnig voll und der Beinabstand zwischen den Sitzreihen so eng, daß man sich fragt, weshalb Flugzeuge für Pygmäen konstruiert werden. Knapp dreieinhalb Stunden qualvoller Enge folgen – lesend, dösend, frühstückend überbrückt, ohne einen Zug aus der Pfeife, weil, aus welchem Grunde immer, „das Rauchen von Pfeifen und Zigarren mit Rücksicht auf die Mitreisenden" zu unterlassen sei. Niemand denkt daran, dem Gitanes-Raucher in meinem Rücken gleiches zuzumuten. Wer solche Plagen auf

Vom früheren Wohlstand in Ólympos künden die ungewöhnlich zahlreichen Getreidemühlen. Die Frauen sind mit dem Nähen der Tracht beschäftigt, die Männer mit Nichtstun im *kafeníon*

sich nimmt, hat etwas vor sich: Urlaub. Aber nicht irgendeiner treibt uns nächtens in die Luft – Kárpathos heißt das Ziel. So gegen 10.30 Uhr erreichen wir – meine Frau Barbara und ich – Rhodos. Strahlender Sonnenschein, 25 Grad Celsius, die Müdigkeit ist schlagartig dahin. Wir haben mehrere Stunden Zeit für Rhodos, also suchen wir Maria auf, die Nichte des Bruders von Michailis, der das Kraftwerk auf Kárpathos

IN ÓLYMPOS ERBEN DIE FRAUEN DEN BESITZ

wartet. Sie arbeitet in der Flughafenverwaltung, wo wir deshalb auch das Gepäck unterstellen können. Ein Taxi bringt uns in die Altstadt, der erste griechische Mokka nebst einem Ouzo steht auf dem Tisch. Der Urlaub hat begonnen. Am Nachmittag besteigen wir unseren „Drachenflieger" – früher eine kastenähnliche Maschine, heute ein moderner, schlanker 16-Sitzer –, überqueren die Westküste von Rhodos, dann eine weitere Viertelstunde lang die dunstige, sonnengetränkte Ägäis, bis das lange, schmale, steile, schroffe Kárpathos in Sicht kommt. Als wir die Insel Anfang der achtziger Jahre entdeckten, mit Hilfe von Freunden, die dort schon viele Jahre vorher Urlaub gemacht hatten, war Kárpathos touristisch fast unerschlossen, gemächlich vor sich hinlebend, eine Welt voller Traditionen, streng, im besten Sinne kultiviert, voller

Zurück im Dorf bleiben die Alten, die Jungen zieht es in die Neue Welt, verlassen liegt ein Haus am Berghang. Die vielen Kirchen auf Kárpathos haben nur für die Touristen exotischen Reiz

verborgener archäologischer Schätze, ein Traum von Einfachheit, Urwüchsigkeit, karger Natur. Nur wenige fremde Besucher, der Inselschlichtheit zugetan und ihr angepaßt, Wanderer, Archäologen oder Ökologen zumeist, die sich in den unerschlossenen Weiten des Eilands verloren. Wenn man damals ein Taxi vom „Flughafen", jener Piste mit Leichtbauabfertigung, nach Lefkós anheuerte, rümpfte der Taxi-

ZU EINEM TANZ IST JEDERMANN AUFGELEGT

fahrer die Nase und verlangte unglaubliche 3500, gelegentlich 4000 Drachmen – ein stolzer Preis, der sich einem erst erschloß, nachdem man anderthalb Stunden atemraubender Fahrt auf schmalen, aus dem Fels geschlagenen Wegen, bergauf und bergab, neben tiefen Schluchten und vor traumhaften Meeresblicken hinter sich hatte. Wir umrunden das Bergmassiv des Kalílímni, fahren vorbei an Mesochóri, der Heimat

In der Höhlenkirche Johannes des Täufers wird im August der Namenstag des Heiligen gefeiert. Die Frauen kommen in ihrer schönsten Tracht, nach dem Festessen dürfen sie Hausfrauenarbeit verrichten

unserer gastgebenden Fischerfreunde, ein kurzes „jássu" dem Alten im einsamen Kafenion bei Ágios Geórgios zurufend. Bei Spóa ahnt man das Meer, bevor man es sieht. Die letzten Meter dann waren und sind ein Traum. Hinter einem Felsvorsprung eine kleine Bucht, in der ein paar weiß-blaue Fischerboote vor sich hindümpeln, vis-à-vis vier Häuser auf einer Landzunge, eines davon unser Domizil: wie aus dem Bilderbuch. Das Taxi erklimmt schließlich eine Düne, auf der unsere Lieblingsblume, die Strandlilie *Pancratium illyricum*, blüht. Beim Ausladen des Gepäcks entdeckt man hinter den Häusern eine zweite, kleine und eine dritte, langgestreckte Bucht. Die Strände – Natur, wohlgemerkt – Sand, aber mit allem, was das Meer anschwemmt. Drei Buchten im Umkreis von einer Meile, eine stets mit ruhigem, eine immer mit be-

DAS GANZE DORF ÜBERNACHTET BEIM HL. JOHANNES

wegtem Wasser, keine ohne Luftzug auch im heißen Sommer. Flecken zum Baden und Sonnen, Lesen und Dösen, Spielen und Müßigsein, Träumen und Abschalten. Die Taverne von Kostas, Jannis und ihren beiden Marias, vier Räume mit Bett, Schrank und Kleiderhaken, dem Schlichtklo mit Dusche, aus der das Wasser im Sommer nur tropfenweise rinnt, weil Wasser knapp ist und oberhalb von Lefkós für spärliche Feldbe-

Bei der Pensionswirtin Maria – hier mit Enkeln – ist Björn Engholm seit Jahren zu Gast. Beim Essen genießt man den Blick über die Bucht von Lefkós

wässerungen abgeleitet wird – einfacher geht es nicht, und besser braucht es nicht zu sein, weil das Leben sich von April bis Oktober von morgens bis abends im Freien abspielt.

Spätestens wenn Jannis und Kostas mit ihrem selbstgebauten Fischerboot vom Fang heimkehren, so gegen zehn Uhr morgens, sitzen wir auf der kleinen, betonierten, schilfüberdachten Terrasse mit einem Topf Kaffee, Barbaras Kárpathostee (Salbei), den Kanten selbstgebackenen Brotes mit etwas Honig oder Schafskäse in der Hand und beobachten träge das Ausladen der Fische. Fünfzehn, zwanzig Kilo und mehr waren es in guten Zeiten, bis zu zwei Dutzend unterschiedlich kleiner und großer, dicker und schmaler, silbriger, roter, regenbogenfarbener oder borstiger Fische, dazu ein paar Kalamari, einige Sepia, gelegentlich ein Hummer und, selten, ein Babyhai: das Angebot des Tages, Fisch in allen Variationen. Gekocht als Fischsuppe, gegrillt auf alten Rebstöcken, zumeist in eigenerzeugtem Olivenöl in der Eisenpfanne gebraten. Dazu Salat aus Tomaten, Gurken, Kapernblättern und Paprika, ein Stück Ziegen- oder Schafskäse obendrauf, mit viel Öl und Zitrone drunter und drüber.

Einmal im Urlaub gibt es junge Ziege, vom Berghang des Kalílímni, würzig im Fleisch, weil von Kräutern und kleinen Sträuchern genährt, über der offenen Grube geröstet oder aus Marias Ofen, hinter der Taverne auf der kleinen Anhöhe, mit unendlichem Meeresblick und – würde man es malen, es wäre unglaublich kitschig – einer glutrot am Horizont in die Ägäis versinkenden Sonne. Das sind Abende, von denen wir im kühlen Norden ein Jahr hindurch träumen. Die Tage vergehen auf Kárpathos, trotz aller Gemächlichkeit, wie im Fluge. Einmal nachts auf Lobsterfang, vor der gewaltigen Felswand nördlich von Mesochóri, gegen die das Meer klatscht und wo das händestrapazierende Einziehen des Netzes in dem Kabbelwasser zur Qual wird; einmal zur orthodoxen Messe in die Kirche von Mesochóri, mit all ihren Gerüchen, Gesängen und dem Gewirr von Kinder-, Männer-, Frauen- und Priesterstimmen; einmal auf der Ladefläche eines uralten Toyota nach Ágios Nikólaos, um dort, Michailis vom Kraftwerk kennt den Kapitän gut, das Schiff, das die Hauptstadt Pigádia mit Diafáni verbindet, zu nehmen; einmal ein Besuch des wunderschönen Bergdorfes Ólympos, in dem ein Geschlecht schöner Frauen die alten Traditionen pflegt und uns daran erinnert, daß aller Grund und Boden auf der Insel den Frauen gehört, damit sie, wenn die Männer auf See verschollen bleiben, eine soziale Sicherung haben; einmal zur noch kargeren Nachbarinsel Kássos im *kaíki* des wohlhabenden Fischers Manolis, und das bei Windstärke sechs, begleitet von Delphinen und der üblen Seekrankheit im Magen; schließlich zwei, drei Einladungen zu unseren Freunden in ihr heimatliches Mesochóri, wo sie alte, typisch kárpathische Häuser bewohnen: großer Wohnraum mit hölzerner Schlafempore, auf der sich Betten und Decken stapeln, Erinnerungen an die Hochzeit, Gastgeschenke, Zeichen einer bescheidenen Wohlhabenheit. Das ist Griechenland, wie wir es immer suchten, das wir schließlich fanden – und das verlorenzugehen droht. Heute ist Kárpathos entdeckt. Als wir 1988 mit dem schwedi-

Marias große Familie lebt von den Gästen und vom Fischfang. Morgens kehrt das Boot von der Ausfahrt zurück

ABENDE, VON DENEN WIR IM NORDEN EIN JAHR LANG TRÄUMEN

schen Ministerpräsidenten Ingvar Carlsson in Kristianstad Wahlkampf machten, lachte uns aus dem Fenster eines Reisebüros ein farbiges Hochglanzposter an: Kárpathos ruft.

Ólympos, das zauberhafte Bergdorf, ist längst kein Geheimtip mehr. Über Diafáni redet man in Hamburg und München, Ratschläge für günstige Übernachtungen und Bootstouren in die nahegelegenen stillen Buchten austauschend. Pigádia, die Hauptstadt, nie vor Schönheit strotzend, wächst wild und goldgräberhaft im Tourismusrausch.

Und Lefkós? Inzwischen hat der Tavernenbesitzer Vassilis im feinterrassierten Hang oberhalb der Hafenbucht von Lefkós die ersten sechs Zimmer aus Beton in den Boden gegossen, der zweite Stock ist schon geplant. Und die anderen haben, vorbeugend, weil der Bagger nun einmal da war, Löcher in ihren Teil des Hanges graben lassen, um Vassilis nacheifern zu können. Kostas und Jannis, unsere Freunde, die wir so sehr schätzen, haben aufgestockt, aus vier sind acht Zimmer geworden; Nikos, an der Kurve zur Hafenbucht, besitzt inzwischen zehn formidable Räume; Irini, einige hundert Meter weiter, hat ausgebaut, und in Sichtweite, an einem kleinen Steinstrand, entsteht ein Hotel; Petridis, den sie, weil er in der italienischen Fremdenlegion war, unfairerweise Mussolini nennen, vermietet sein Häuschen; neben dem einsamen *kafeníon* bei der Kapelle des Georgios wächst eine größere Pension, vermutlich mit Schwimmbad, in die Höhe.

Wenn das Wasser, das knappe, nicht mehr knapp ist (und dies steht ins Haus), wenn die Straße von Pigádia, südlich über Arkása und Finíki, nördlich über Apéri und Spóa, ausgebaut sein wird (und der Ausbau hat schon begonnen), wenn die Entsorgung auch nur annähernd gelöst sein sollte (aber wohl auch, wenn nicht) – dann ist das Paradies kein Paradies mehr, sondern ein – immer noch zauberhaft gelegener – Treffpunkt der Düsseldorfer und Münchner, Baseler und Römer. Das Preisniveau wird (weiter) ansteigen, die Lyra nicht mehr zum puren Vergnügen gespielt, das Schild *No nudes* am kleinen Strand des Hafens verschwinden und mit ihm manche kulturelle Besonderheit und Tradition. Die Chance des Tourismus, vielleicht die einzige auf einer Insel dieser Art, ist, aus der traditionellen Armut auszubrechen, nicht mehr auswandern, nicht mehr nur zur See fahren zu müssen, statt dessen auf der heimatlichen Insel auskömmlich und auf Dauer leben zu können.

Diese Möglichkeit hat einen hohen Preis. Allein: Steht es uns zu, über diesen Preis zu richten, nachdem wir ihn selbst mit gebildet haben?

BJÖRN ENGHOLM, *1939 in Lübeck geboren, ist seit 1988 Ministerpräsident des Landes Schleswig-Holstein.*

ER IST NICHT BEI SEINEM ONKEL IN WYOMING.

ABER ER IST KEIN EINSAMER COWBOY.

„*Danke fürs Geschenk. Ein starker Hut!*"

„*Ja, einer, wie ihn richtige Cowboys tragen.*"

„*So wie ich jetzt auf meinem Pferd.*"

„*Dein Pferd? Ja, wo reitest du denn…?*"

„*Im Wohnzimmer! Wo denn sonst!*"

„*Über das Pferd mußt du mir mehr erzählen, Cowboy.*"

AT&T ist ein weltweit führender Anbieter von Telekommunikations-Technologie. Zusammen mit der Deutschen Bundespost sorgt AT&T dafür, daß die Kommunikationswege zwischen der Bundesrepublik und den USA für jedermann offen sind.

Für weit weniger, als Sie vielleicht denken, bringt AT&T und die Deutsche Bundespost Sie denen näher, die Ihnen im fernen Amerika nahestehen.

Mehr über AT&T erfahren Sie bei AT&T Deutschland GmbH, Eschersheimer Landstraße 14, 6000 Frankfurt 1.

Egon Scotland

SCHWAMM DRÜBER?

Früher riskierten die Taucher von Kálimnos bei der Suche nach dem weichen Gold des Meeres ihr Leben. Heute, da moderne Technik die Gefahren mindert, sterben die Schwämme

Schwämme so gross wie Wagenräder sind heute eine teure Rarität geworden

Zarter als Haut, zäher als Holz, schwerer als Wasser und teurer als Edelstahl sind sie. Innerlich gleichen Schwämme mittelalterlichen Städten mit ständischer Verfassung. Einer Zunft obliegt die Wache, der anderen der Transport. Die nächste kocht, die vierte fegt die Straßen – ein Netz von lauter Kanälen. Unterschiedlich spezialisierte mehrzellige Individuen bilden die Kolonie, bauen das vielmaschige Fasergerüst aus Spongin, einem Stoff, verwandt der Substanz des Panzers von Krebsen, Insekten oder der Seide. Was wir in der Hand halten, ist bloß das Skelett. Die Biomasse stirbt, wenn ihr elastisches Gehäuse an Deck des Fangschiffs mit den Füßen flachgetreten, mit einem Knüppel zerwalkt wird. Kommt der Schwamm aus dem Wasser, ist er ein schwarzer, schleimiger Klumpen. Die Prügel treiben ihm das lebende, streng riechende Gallert aus. „Das ist die Milch", sagen die Leute aus Kálimnos, der letzten Insel Griechenlands, wo Schwammjagd und -handel einen nennenswerten Erwerbszweig bilden. Hier blühte deshalb in den vergangenen hundert Jahren eine mächtige Industrie. Kapital aus Vorderasien und ganz Europa floß auf das karge Eiland, eine Bourgeousie errichtete sich Villen und Paläste.

Nur noch einen kümmerlichen Rest der alten Pracht haben die synthetische Konkurrenz und eine rätselhafte Schwammkrankheit in der Ägäis übriggelassen, einen Rest, der sich durch Importe über Wasser hält, seinen eigenen Kult folkloristisch pflegt, vom männlichen Ruhm des Abenteuers in der Tiefe zehrend, beharrlich den guten Namen griechischer Schwämme nutzend, schwankend zwischen Depression und trotziger Zuversicht. Die Kalimnioten glauben, menschliche Grenzen eher überwinden zu können, selbst wenn es Leben und Gesundheit kostet, so, wie es früher immer wieder half, tiefer zu tauchen, rascher zu ernten, schneller nach oben zurückzukehren, weiter zu fahren als andere.

Mikes Karakatsánis humpelt nur leicht, nicht wie die Alten, die an Krücken gehen, weil sie sie erwischt hat, die Taucherkrankheit, die Lähmung der Beine. Bei Mikes ist es die Bandscheibe. Es habe also nichts, sagt er, mit dem Beruf zu tun. Er wolle sich bald in

Tief schneidet die Vathí-Bucht in die kargen Hügel von Kálimnos. Ihr Brot verdienen sich die Inselbewohner von alters her mit der Schwammfischerei. Die gefahrenreiche, mit primitivster Ausrüstung betriebene Arbeit brachte oft Tauchern den Tod

Erst nach langer Prozedur werden aus schwarzen Klumpen gelbe Badeschwämme

Deutschland behandeln lassen. Nur ganz wenige Männer tauchen so tief wie er, an die achtzig Meter, bringen so viel ans Licht wie er, fünf, sechs Kilo pro Mal. Wie er das schafft? „Du mußt langsam arbeiten. Wenn du hastest, schnell mal hierhin, dorthin greifst, wirst du schneller müde. Ich lasse mir auch Zeit beim Aufstieg."

Mikes fühlt sich nicht als Held, meint, er tue einfach eine ganz normale Arbeit, nur eben unter Wasser, wo Erfahrung zählt, wo es keinen Sinn habe, die Regeln der Natur zu brechen. Aber er schlägt doch jedesmal ein Kreuz, ehe er vom Bug springt, mit der Maske vor den Augen, einen wärmenden Gummianzug am Leib, einen Drahtkorb am Arm. Ein schlichter Gartenschlauch liefert ihm Luft aus dem Kompressor von oben, ölig stinkende Luft.

Möglichst mit der Strömung wandernd, sucht er den Meeresgrund an Felsen, Tonscherben und an Wracks nach den begehrten Gewächsen ab, den lappigen Elefantenohren, den kaktusförmigen Zimocca, den rundlichen Pferdeschwämmen. Mit einem scharfen Messer pflückt er sie. Dreimal täglich, umschichtig mit drei, vier anderen, bringt er unter Wasser eine Stunde und mehr zu. „Wir rauchen sofort eine Zigarette, wenn wir wieder oben sind. Nach fünf Minuten wissen wir, die größte Gefahr ist vorüber. Der Wasserdruck macht die Lunge klein, der Rauch füllt sie wieder. Einer ist gestorben, der tauchte hundert Meter tief. Dann kam er hoch, verlangte nach Essen. Alle sagten, laß das, du bist verrückt. Aber er aß, tauchte wieder. Sein Kreislauf brach sofort zusammen. Gazonis war nicht zu retten. Warum er das tat? *Palikariá*, Kühnheit. Er wollte zeigen, daß er den Tod nicht fürchtet."

Doping? „Na ja, manchmal Schmerztabletten und Vitamine, aber nur einmal am Tag. Früh am Nachmittag vielleicht eine Scheibe Brot mit Marmelade, damit etwas im Magen ist. Sonst von morgens bis abends bloß Kaffee und Zigaretten, zwei Päckchen am Tag, zwischendurch einen Ouzo." Alkohol ist eigentlich verboten, oder? Mikes hebt die Schultern. Zum Essen an Bord, zur einzigen Mahlzeit am Abend, gibt es konserviertes Fleisch aus der Büchse, *kavourma*, manchmal frischen Hummer oder Fisch,

Als schleimige Masse kommen Schwämme – Meerestiere, die man noch vor 200 Jahren für eine Algenart hielt – aus der See. Dann werden sie mit mehreren Säuren gewaschen, mit Wasser gereinigt und am Ende zurechtgeschnitten und nach Größe sortiert

Ein Kilo feinster Schwamm ohne Sand und Kalk kostet gut und gern 2000 Mark

kein Gemüse. Als Bett dienen kurze Holzbänke oder die Decksplanken. Das Meer laugt aus. „Wenn ich nach vier Monaten bei Sizilien und Sardinien im Herbst heimkomme, wiege ich 63 Kilo. Vorher sind es so 75. Warum wir nach Italien fahren? Weil es hier keine guten Schwämme mehr gibt. Das kommt von Tschernobyl. Das war genau in dem Jahr, als es hier anfing in der Ägäis, ganz bestimmt. Das wissen wir von französischen Wissenschaftlern, die hier waren, die haben das gesagt. Die kranken Schwämme stinken nach Chemie. Sie sehen schimmelig aus, gelblich, mit schwarzen Flecken, sind innen faul und morsch."

Was viele Taucher glauben, tun andere als Märchen ab. „Die Leute reden viel", sagt Markos Stratis in seinem fensterlosen alten Magazin am Hafen von Kálimnos. Zwischen Bottichen, Juteballen und Lattenboxen sitzt er auf einem Schemel, schneidet kleine Schwämme der minderen Sorte *bogazi* rund, mit einer Schere, wie sie Schafzüchter benutzen, zwei große Ösen, am Ende federnd verbunden, ohne Mittelgelenk. Die fertig geschorenen Brocken, nicht größer als ein Stück Seife, passen durch die engsten Löcher der zwei Meter langen, abgewetzten Schablone. Dieses Jahr hat er zehn Tonnen fingerlanger *bogazi* aus der Türkei importiert, aus der Gegend der Dardanellen. „Die Türken verstehen von der Arbeit nicht genug." *Elleniki paragogi*, griechisches Erzeugnis, ist für Markos auch, was von anderswo herstammt. Von alters her sind Kalimnioten und ihre Kollegen aus Chálki, Sími, Kastellórizo weit gefahren, nach Syrien, zur Küste Palästinas, Ägyptens, in den Golf von Bengasi, nach Libyen. „Ein Pilz, ein Parasit setzt den Schwämmen zu", sagt Markos. „Das geht wieder vorüber. Es wachsen junge nach." Heiter hockt er in seinem höhlenartigen Lager bei offener Tür, schnipselt fingerfertig dahin, führt am Telefon internationale Verkaufsgespräche und läßt seine Kinder studieren. Ein großer Mann ist er im kleinen, schätzt Weisheit und Humor. „Es ist nicht schön, wenn man nichts weiß", wandelt Markos Stratis seinen Sokrates lächelnd um. „Tschernobyl kann es nicht gewesen sein, sonst hätte gar nichts im Meer überlebt."

Noch optimistischer gibt sich Bürger-

Umweltsünden und Raubbau machten Schwämme zur Mangelware. Da die Preise für diese edlen Bade-Accessoires steigen, ist das Tauchen immer noch einträglich. Doch reiche Beute finden die Kalimnioten nur noch vor den Küsten Afrikas und Siziliens

Des Pappás Segen
begleitet die mutigen Männer in die gefahrvolle Tiefe

meister Michalis Zaïris. „Vor dreißig Jahren ist dasselbe im Golf von Mexiko passiert. Ich bin Arzt, wissen Sie, Chirurg. Das geht so wie vieles in der Biologie in Zyklen. Wie groß der Schaden für uns ist? Seit 1986 etwa dreihundert Millionen Drachmen." Umgerechnet also 3,75 Millionen Mark. Das ist nicht wenig für die rund vierhundert Menschen, die in Kálimnos noch vom Schwamm leben; es waren einmal mehrere Tausend. Zaïris hält auch fest am Brauch des Liebesmahles, einer öffentlichen Tafel am Vorabend der traditionellen Massenabfahrt, meist nach Ostern. Zweihundert Schiffe brachen einst gleichzeitig ins Weite auf, zehn-, zwanzigmal mehr als jetzt in diesen Krisenjahren. Alle Kirchenglocken läuteten, alles war auf den Beinen und säumte den Hafen. Den ganzen Sommer lang wußten die Frauen von Kálimnos nicht, ob ihr Mann, Bruder oder Vater im Herbst wiederkommen würde. Botenschiffe zwischen Flotte und Heimat verkehrten bis in dieses Jahrhundert hinein nur selten, geschweige denn Hubschrauber, die per Funk gerufen, Verunglückte heute rasch in eine der vier stationären Druckkammern Griechenlands bringen. Zum Transport dient ein verschraubbarer Leichtmetallzylinder, damit die Rekompression, das heißt die Simulation des Tiefendrucks, sofort beginnen kann und der Stickstoff im Blut nicht weiter sprudelt.

Den Fortschritt, den dieser Apparat 1975 nach Kálimnos brachte, preist Konstantin Nomikarios, Orthopäde am staatlichen Inselkrankenhaus. „Allein 1922 starben 150 Leute im ganzen Dodekanes, wegen primitiver Anzüge und barbarischer Methoden. Heute haben wir moderne Mittel, internationale Tabellen, die festlegen, wie lange und wie tief einer tauchen darf.

Im vergangenen Jahrzehnt kamen nur noch an die zwanzig ums Leben, die letzten beiden Toten waren zwei Franzosen, Amateure, die nach Antiquitäten jagten. Sie waren völlig gelähmt und starben schließlich an Lungenentzündung. Gott sei Dank gibt es nur noch leichtere Fälle. Die Leute kennen die Regeln der Tauchermedizin, sie lernen das auf der Taucherschule. Und wenn uns einer nicht sagt, wie tief er wirklich war, erkennen wir das trotzdem. Wir wissen es besser."

Warum ein Taucher, dem Tod eben entronnen, die Lähmung vor Augen, lügt? Jede Reise muß der Hafenkommandant genehmigen, und die Genehmigung verzeichnet auch, wie tief die Mannschaft taucht. Dreißig, vierzig Meter gelten nicht als tief. Daran, daß die Männer diese Grenzen wirklich wahren, liegt den Ehefrauen und Müttern. Sie lassen nicht locker, bis ein Ernährer verspricht, nur noch auf einem Seichten-Boot *(rihitiko)* anzuheuern und nicht mehr auf einem Tieftaucher *(bathitiko)*. Der Kapitän bezeugt das schriftlich. Passiert dennoch ein Unfall in größerer Tiefe, dann haftet er. Daß ein Schiffseigner vor Gericht aus diesem Grund verurteilt worden wäre, ist allerdings nicht bekannt. Der Männerbund reicht über die Bordwand hinaus. Kapitäne kaufen gute Taucher wie andere Leute Fußballprofis, mit Handgeld und Extraprozenten. Ohne sie lohnt es nicht, die teuren Boote auszurüsten und sich für Wucherzinsen bis zu 25 Prozent zu verschulden. Trotz der insgesamt gesunkenen Nachfrage schießen die Schwammpreise wegen der Verknappung der Ware in die Höhe: bis auf zweitausend Mark für ein Kilo feinster Güte ohne Sand und Steine. Schwämme für umgerechnet vierzigtausend Mark bringen Toptaucher jährlich heim. Von solchen Einkommen können die meisten Griechen nur träumen.

Der Eindruck, Forschung und Technik hätten dem Profit aus der Tiefe jedes Risiko genommen, täuscht. Geplatzte Trommelfelle, Schnupfen, Rheuma, Lungen- und Rippenfellentzündungen sind häufig. Krankengeschichten sind in allen Taucherkneipen zu hören, öfter als die alten Gruselsagen von Monsterhaien und Riesenkraken. Gott sei Dank sind Unterleibslähmungen selten geworden: Die vielfach geflickten Froschmänneranzüge alten Typs mit Kugelhelm wurden um die Taille so fest zugebunden, daß Luft nur ins Oberteil drang und den Körper senkrecht hielt; unterhalb stockte der Kreislauf vor Druck und Kälte und starb nahezu ab. Das widerfuhr den Nackttauchern nie. Sie hatten es leichter, so seltsam es klingt, blieben – antiken Methoden folgend – mit einer angeleinten Marmortafel unter der Achsel bis zu fünf Minuten unter Wasser, dank ihrer trainierten Lungen. Nach einem Ruck an der Signalschnur zog sie ein Helfer hoch. Nicht selten, so wird erzählt, sei früher ein Taucher zu spät gezogen worden; das passierte meist gegen Ende des Som-

Bevor die Taucher hinausfahren, feiern sie mit einem großen Fest Abschied von der Insel. Früher wußten ihre Frauen den ganzen Sommer lang nicht, ob ihre Männer jemals wiederkommen würden. Heute halten die Familien übers Funkgerät Kontakt

Die alten Lieder beim Tanz der Taucher lassen Angst und Not wieder vergessen

mers, wenn er schon eine Menge geerntet hatte und ein entsprechend großer Verdienst zu erwarten war: Der Ertrag eines toten Tauchers steigerte schließlich den Gewinn des Kapitäns. Kämpfe an Bord verbot der Kastengeist. Ein immer noch gesungenes Tanzlied schildert das Verhältnis zwischen Menschen und Apparaten. Es verklärt die relativ modernen Errungenschaften des plumpen Anzugs und des Luftschlauchs als „unsere Mutter" und „unsere Schwester" *(I mihani einai måna mas, i róda i aderfi mas),* den Mann am Seil, der ziehen muß, als den, an dem das Leben hängt. Zu den abwechselnd raschen und langsamen Strophen tanzen die Männer den *mihanikós,* eine sarkastische Selbstinszenierung: Ein Hinkender, *koútsos* mit dem typisch schleppenden Tauchergang versucht, im Kreis der Gesunden mitzutun, stürzt immer wieder. Jedesmal fangen ihn die anderen auf. Schließlich gehorchen ihm die Beine wieder, er wirft die Krücke weg und reiht sich ein.

Die sagenhaften Zeiten, da die Taucher an Deck und an Land wie Paschas lebten, Zigaretten mit Geldscheinen anzündeten, Weinfässer zum Spaß auskippten oder sich von einer Musikkapelle quer durch die Insel begleiten ließen, hat Kálimnos hinter sich, wenn auch noch nicht so viele Jahre. Die selbstbewußten Frauen der Insel, die den italienischen Besatzern einen tagelangen Krieg der Steinwürfe lieferten, zwangen erst in den sechziger Jahren den Bürgermeister mit einem Massenaufmarsch, das kleine Hafenbordell zu schließen. Fünftausend Kalimnioten leben in der australischen Stadt Darwin, ebenso viele in Tarpon Springs in Florida. Auch dort tauchen sie und handeln mit Schwämmen. Auswanderer heiraten selten Auswärtige. Wer seinen Erfolg in der Fremde zeigen will, baut sich daheim ein Haus.

Weitsicht – und vielleicht auch eine Art von Wagemut – haben zwanzig Familien ein solideres Brot beschert: Sie schneiden in einer sauberen, geräumigen Fabrik nahe dem Krankenhaus synthetische Schwämme aus Meterklötzen zurecht. Zusammengepreßt kommt der Schaum aus der Bundesrepublik Deutschland, holt in Kálimnos tief Luft und wird, erneut komprimiert, nach Nordamerika und Europa verschickt. „Ich habe das Desaster seit zwanzig Jahren kommen sehen", sagt der Fabrikant Nicolas Tsangaris, der früher in Paris und Tunesien mit Naturschwämmen handelte. „Die Produktion fiel schrittweise, von 100000 Tonnen im Jahr auf 30000, dann auf 10000. Die Kunden fanden die Ware zu teuer; unsere jetzige kostet ein Viertel. Ich, ein Verräter an der Natur? Der Zustand des Mittelmeeres ist erschreckend. Das will niemand wahrhaben." Nicolas junior, Master of Business Administration der Universität Washington, spricht erbarmungslos aus, was sein Vater meint: *„This is fictitious business",* ein Geschäft mit Fiktionen. „Bloß weil jemand hier einen Plastikbeutel drum herum festgeknipst hat, nennen sie es Made in Greece. Höchstens ein Fünftel kommt aus unserem Land."

In zwei Buchten der Insel – und auf Léros – finanziert das Athener Agrarministerium seit 1987 Experimente mit der Zucht von Schwämmen. Die meist kleinen Meerestiere gedeihen, aber sie wachsen besonders langsam. „Für Ergebnisse ist es viel zu früh", wehrt der Hydrobiologe Savvas Hatsinikolaou aus Rhodos ab. „Die Pilzkrankheit, die *Mikitiasis,* ist nicht der Hauptgrund, die eigentliche Ursache liegt in dem, was mit dem Meer insgesamt passiert." Thanásis Koukoúras von der Universität Thessaloniki hat das Schwammsterben genauer studiert und ermittelt, daß den Korallen ein ähnliches Schicksal droht. „Wir brauchen ein Meereskataster, um der Katastrophe wirklich auf den Grund zu kommen." Die Forscher sind besorgt. Jahrmillionen haben die urtümlich gebauten Vielzeller der Art *Spongia officinalis* überlebt. Ein einziger Schwamm mit einem Liter Fassungsvermögen filtert täglich über tausend Liter Wasser, um sich vom Plankton zu ernähren. Das scheint ihm nicht mehr zu bekommen. „Wir hängen am Tropf", gesteht einer der letzten deutschen Importeure, „Badeschwämme sind wie Edelweiß."

Einer der ersten, die Erfahrungen mit Schwammzucht sammelten, war der deutsche Naturforscher Alfred Brehm. An der dalmatinischen Küste setzte er 1869 kleine Stücke auf kautschuküberzogenen Kupferdraht in durchlöcherte Holzkästen und versenkte sie. „Nur ein Prozent mißriet", schrieb er in seinem „Tierleben", „und doch ist es gescheitert". Seine Anlagen wurden zerschlagen, die gezogenen Stücke gestohlen. So etwas hat es auf Kálimnos bislang noch nicht gegeben.

So selbstverständlich sich die Schwammfischer zeitgemäßer Technik bedienen, so unbekümmert verleiben sie dies ihren Ritualen ein. Der Taucheranzug wird in einem Tanzlied als „unsere Mutter", der Luftschlauch als „unsere Schwester" besungen und verklärt

Gekrönt von den Zinnen der Johanniterburg liegt Líndos an einer weiten Bucht. Im Altertum war der Ort eine bedeutende Handelsstadt, heute gilt er als schönstes Dorf auf Rhodos

Helga Hegewisch

GESCHICHTEN AUS MEINEM DORF

Es war nicht Liebe auf den ersten Blick. Doch unsere Autorin hat in Líndos Wurzeln geschlagen. Ihre illusionslose Bilanz nach 30 Jahren zeigt die Widersprüche eines Dorfes, das von den Fremden abhängig ist

Ein Nachmittag in Líndos Ende September. Es ist sehr heiß. Absolut ungewöhnlich, diese Hitze, sagen alle. 35 Grad in dieser Jahreszeit, das gab es noch nie. Andererseits weiß man natürlich, daß hier die Geschehnisse nur pro forma eingeordnet werden in ein ordentliches Muster, gut für einen Reiseprospekt, aber nicht verpflichtend, weder für die antiken Götter und Heiligen, noch für die Bewohner von Líndos. Wir wissen das. Aber wir spielen doch alle willig mit und geben vor, fest an den Normalfall zu glauben, nach irgend etwas muß man sich schließlich richten. Zuverlässige Jahreszeiten, zuverlässige Menschen, zuverlässiges Ferienvergnügen und zuverlässige Einnahmen für die Líndoser, deren ökonomisches Wohl und Wehe inzwischen ausschließlich vom Fremdenverkehr abhängt. Und wenn es dann anders kommt, haben wir wenigstens über irgend etwas zu reden.

Ich sitze im weinüberwucherten Innenhof und lese. Ab und an wische ich mir den Schweiß von der Stirn. In der *sála* dürfte es kühler sein, aber meine Lektüre fesselt mich derart, daß ich nicht aufstehen und hineingehen mag. Das Buch, das von einem kleinen Dorf auf einer großen griechischen Insel handelt, hat Maryann Forrest geschrieben. Das ist ein Pseudonym; natürlich kennen wir alle nicht nur den richtigen Namen der Autorin, wir wissen auch, welche tatsächliche Person hinter dieser oder jener Romanfigur steckt.

Wir, das sind, in klarer Unterscheidung zu den Einheimischen, die ortsansässigen Fremden, die sich hier während der letzten 35 Jahre eingenistet haben. Die Engländerin Maryann, nennen wir sie

Líndos ist berühmt für seine kunstvollen Portale und Häuser mit schattigen Höfen. Das Haus von Helga Hegewisch, zu dem der Innenhof mit dem alten Weinstock gehört, stammt aus dem Jahre 1603

weiterhin so, kam als eine der ersten, unmittelbar nach der italienischen Contessa mit ihrem deutsch schreibenden, italienisch lebenden, aus dem europäischen Südosten stammenden Gatten, die im Buch unter Octavia und Bougi firmieren. Dank ihrer sehr frühen Ankunft und Octavias makellosem Geschmack besitzen die beiden das schönste Anwesen im Dorf, und darüber hinaus sind sie eines der wenigen Fremden-Ehepaare, die von Anfang an miteinander verheiratet waren und es immer noch sind. Es kann natürlich sehr wohl sein, daß Maryann ihre Figuren frei aus der Phantasie geschöpft hat, aber wahr ist es alles ganz bestimmt, irgendwie. Wahr ist, daß ein Weib namens Roxane die schöne Helena aus Rache für den Soldatentod ihres Gatten Thepolemos an einem lindischen Ölbaum aufgeknüpft hat (ganz gewiß wahr, man kann den Baum noch bewundern); wahr ist auch, daß im 6. vorchristlichen Jahrhundert der lindische Weise Kleobulos einen feministischen Punkt setzte, indem er Frau und Tochter gleichberechtigt unter seine Studenten aufnahm; wahr ist des weiteren, daß unser Dorf über je einen (erklärten) Kommunisten, Faschisten, Homosexuellen und Alkoholiker verfügt und daß es hier gute und böse Familien gibt; wahr ist schließlich, um auf Maryanns Schlüsselro-

Nur die Touristen reiten auf einem Esel durch die engen Gassen

man zurückzukommen, daß die Lindoser uns Fremde um so weniger leiden können, je mehr sie sich von uns abhängig gemacht haben.

O meine Freundin Maryann, welch eine Phantasie du doch hast! Da erzählst du von dieser großen griechischen Insel, auf ihr eine Hauptstadt und fünfzig Kilometer entfernt ein kleinerer Ort, dessen außergewöhnliche Schönheit viele Fremde angezogen hat, zwanzig oder dreißig Familien, die sich hier einkaufen konnten.

Eines Tages an einem ungewöhnlich heißen Spätsommernachmittag geschieht das, was man später den „großen Staub" nennen wird. Mitten aus der schier unerträglichen Hitze heraus beginnt statt des erlösenden Regens dichter Staub vom Himmel zu fallen, ein graulehmiger Sandguß, der das Dorf und seine Umgebung binnen kurzem in eine merkwürdig archaische Totenlandschaft verwandelt. Zwar gelingt es den Bewohnern, unter großen Anstrengungen den Staub wieder wegzuwaschen, doch werden die Zustände danach nie wieder so wie sie vorher waren: Die Insel ist von der Umwelt abgeschnitten.

Mag sein, daß die Ursache ein fernes Erdbeben oder eine Atomexplosion oder irgendein Gotteszorn war, jedenfalls wird man in Zukunft auf sich selber gestellt sein, kein Zugang mehr, außer durch Geburt, kein Abgang mehr, es sei denn durch den Tod. Wer hier ist, zu dieser Stunde Null, Dörfler, Fremder und Zufallstourist, muß bleiben und von nun an diese Insel als die einzige existente Welt anerkennen.

Und sogleich beginnen sich die Verhältnisse radikal zu ändern. Die Zugereisten, zuvor von den Einhei-

Der Eselsritt zur Johanniterburg ist Touristenpflicht. Oben überraschen im Innern der Burg die großräumige Anlage der Akropolis von Líndos und der Blick über die Paulus-Bucht

mischen umworben und umschmeichelt, weil sie den Stoßtrupp bilden für den ganz großen Tourismus, von dem sich die Einheimischen auf nahezu mystische Weise abhängig fühlen, sind nun selber die Abhängigen geworden. Geld zählt nicht mehr, nur noch Ware; der fremde Glanz zählt nicht mehr, nur noch die festgefügte hierarchische Dorfstruktur; Dichten, Malen, Musizieren, alle diese Kulturattribute, mit denen sich die Fremden gern ausstaffiert haben, zählen nicht mehr, nur noch das, was dem Dorf wirklich nützt. Und was ihm nützt, das bestimmen die Mächtigen: der Bürgermeister, die Polizei, die Geistlichkeit. Sehr schnell wird dem Dorf klargemacht, daß die Zugereisten für kaum etwas nützlich sind, außer für niedrigste Sklavenarbeit und allenfalls noch, sofern sie weiblich und jung sind, zum sexuellen Amüsement der männlichen Mächtigen.

Als ich mich durch die ersten fünfzig Seiten von Maryanns *black comedy* hindurchgelesen habe, da plötzlich bemerke ich zu meinem Entsetzen, daß es durch das Dach der lockeren Weinranken seltsam grauweiß auf das Buch herniederrieselt. Noch ganz benommen von dem fürchterlichen Schicksal meiner Mitfremden, stürze ich auf die Straße, wo schon andere Leute verwirrt in den Himmel blicken. Eine

Unser Griechenland-Bild ist eine Erfindung der Nichtgriechen

unnatürliche, schwere Wolke hängt über Líndos und schüttet etwas auf uns herunter, keinen Regen, leider, und Gott sei Dank auch keinen schweren, lehmigen Sand, sondern federleichte, tanzende Aschenpartikel, die zwar weder Erdbeben noch Atomexplosion, statt dessen jedoch ein großes, wildes Feuer bedeuten, diesmal oben in den Wäldern zwischen Rhodos und dem Profítis Ilías, schwer zugänglich und schnell um sich greifend. Wir sind bedrückt und verwirrt, die Touristen scheint es weniger zu interessieren. Zuerst diese Hitze und nun dieses Feuer. Was steckt dahinter? Gottes Zorn oder doch nur wieder Brandstiftung, der Einfachheit halber „von den bösen Türken inszeniert", die den Rhodiern ihren schönen Baumbestand nicht gönnen?

Heute morgen bin ich Patrick auf der Straße begegnet. Er ist ein englischer Astrologe, der sich vor acht Jahren in Líndos niedergelassen hat und seitdem von hier aus die internationale Presse per Telefon (was eine Engelsgeduld verlangt) mit dem täglichen Horoskop versorgt. Patrick und ich haben uns für einen kleinen Schwatz auf ein Mäuerchen schräg gegenüber der Sunlight Bar niedergesetzt. Beide waren wir nicht allerbester Stimmung. Die Sonne brannte zu heiß, die Weinblätter, die hier und dort Schattendächer über die Straßen ziehen, wirkten ungewöhnlich verstaubt und trocken, die müde vorbeitrottenden Fremden verbreiteten Trübsinn, und das, was an ihnen lustig sein sollte, die Aufschriften auf ihren T-Shirts, waren meist von einer humorlosen, sogar zotigen Derbheit.

„Du, der du doch alles so schön zu erklären weißt und der du die Ordnung hinter den Dingen erkennst", sagte ich, „was hältst du von dem Woher

Seit acht Jahren lebt der Astrologe Patrick Walker in Líndos und beliefert täglich die internationale Presse mit Horoskopen

und Wohin unseres Dorfes?" – „Ich denke, daß ich bald von hier weggehen werde. Acht Jahre sind genug." – „Alle wollen immer weggehen . . ." – „Sicher. Es liegt etwas Ungesundes in der Luft, etwas Beängstigendes. Darum sind die Leute hier auch so abergläubisch. Die Veränderung des Dorfes war zu abrupt. Die äußere Entwicklung ist der inneren Anpassungsfähigkeit davongerannt. Daraus entwickelt sich diese vage Katastrophenangst: Es könnte, müßte etwas Gigantisches passieren, etwas Unvorhersehbares, das auf einen Schlag das Innere und das Äußere wieder zusammenzwingt." – „Ein Erdbeben, eine Atomexplosion, ein Gotteszorn? So wie in Maryanns Buch?" Patrick lacht. „Ich fürchte weniger um das Schicksal der Zugereisten, das ist mir ziemlich gleichgültig. Was mich gelegentlich bedrückt, ist die Lebensaussicht der Líndoser. Ich kann mir einfach nicht vorstellen, daß es für sie gut ausgehen wird. Vielleicht braucht es gar keinen schlagartig niederkrachenden Gotteszorn, er ist schon längst da, und wir weigern uns nur, ihn zu sehen." Und damit nahm er seine Tüten und wanderte davon, ein großer, freundlicher Mann, der die Líndoser wirklich mag und der allen Ernstes versucht, *mit* und nicht neben ihnen zu leben.

Solange ich Líndos kenne, wollte immer irgendeiner der Fremden dringend weg. Die schönen Illusionen trugen nicht mehr, der äußere Glanz, so wurde gewettert, könne die innere Verrottung nun nicht mehr überdecken. Einige wenige sind tatsächlich gegangen, das waren die Unruhigen, die Energiegeladenen.

Die anderen haben sich angepaßt, immer neue Kompromisse geschlossen und den endgültigen Abschied immer wieder aufgeschoben. Und wenn dann das nächste Frühjahr kam, so ein strahlend frischer Maimorgen, an dem man sogar den Dorfpolizisten und jeden noch so mürrischen Passanten umarmen möchte, dann beugte man sich wieder freudig der Erkenntnis, daß es sich hier um ein höchst seltenes Wunder an Energie und Schönheit handelte, um eine Ausgeburt des Sonnengottes Helios, vor dem unsere Querelen nicht mehr sind als Wassertropfen, die schnell in der Luft vergehen. Als ich Líndos vor dreißig Jahren zum ersten Mal erblickte, von See her, war mir zuerst kaum etwas Besonderes aufgefallen. Ein hübscher kleiner Ort mit der üblichen Inselarchitektur, die weißen Kuben den Abhang hoch- und halb um den Berg herumgebaut, unten zwei geschützte Buchten und oben darüber eine Zitadelle, deren Mauern Reste der Akropolis umschlossen. Auf einem Esel zockelten wir zur Festung hinauf, schauten uns pflichtgemäß um und fanden das Ganze eher enttäuschend. Solch ein Durcheinander an Überbleibseln – Dorisches, Ionisches, Römisches – und das Ganze umbaut von einer mittelalterlichen Zinnenmauer, die so heftig restauriert war, daß sie wie eine Filmkulisse wirkte. Den Kopf noch vollgestopft mit deutscher Gymnasialbildung, war mir für meine griechische Seelensuche überhaupt keine andere Annäherungsmöglichkeit als die der Antike eingefallen. Und dementsprechend mußte mir natürlich dieses wilde Gemisch auf der Akropolis mißfallen. Ich konnte nicht einmal die herrliche Lage, so zwischen Himmel und Meer, bewundern und genießen.

Wir stolperten den steilen Weg zurück und setzten uns ins *kafenion*, das einzige, das es damals im Dorf gab. Dort nun trafen wir ein deutsches Ehepaar, Dolo und Willy, beide Maler und seit zwei Jahren ansässig in Líndos. „Wenn ich Sie wäre", sagte sie, „dann würde ich mich hier auch ansiedeln, muß ja nicht für ständig sein, nur für die zwei, drei schönsten Monate im Jahr." – „Warum sollten wir das denn tun?" – „Weil dies kein Dorf wie all die

anderen griechischen Dörfer ist." Wir haben noch im selben Jahr ein Haus erworben. Es stammt aus dem Jahre 1630: die Außenwand ist mit in Stein gehauenen Vögeln, Blumen und Ketten geschmückt, die große *sála* enthält neben Resten alter Wandbemalung eine bemalte Holzdecke – ein Haus mit einem alten Weinstock im Innenhof, einem Kamin im Winterzimmer und einer geräumigen Küche, mit *khokhloki*-(Steinmosaik)Fußböden, einem kleinen Kapitänszimmer über dem Eingang und einer Steintreppe, die oben aufs Dach führt. Ein Klo, fließend Wasser und Elektrizität gab es nicht. Das hatte bis dahin niemand im Dorf, und man schien es auch nicht zu vermissen.

Wenn ich hier von Hauskauf rede, dann ist das nicht im üblichen Sinn zu verstehen, so etwas Simples war und ist für Ausländer in Líndos nicht möglich; es handelt sich vielmehr um ein hochkompliziertes, wechselhaft praktiziertes System von Treuhandschaft, Strohmännern, lebenslanger Pacht und einem großen Schuß blauäugigen Vertrauens. Dadurch entstand übrigens ein alle Fremden verbindendes Band materieller Unsicherheit: Wirklich *gehören* darf uns das Haus hier nicht, es ist und bleibt griechisches Eigentum (trotz Europäischer Gemeinschaft!), und wenn es den Mächtigen gefallen sollte, dann könnten die ... ach, besser nicht daran denken.

Womit wir wieder bei Maryanns Buch wären. Da verfügen nämlich die Einheimischen, daß die

Fremden ihre Häuser räumen und in die Felshöhlen über der Bucht ziehen. Denn der Besitz der Fremden ist prächtig und begehrenswert. Das empfand vor dreißig Jahren offenbar kein Líndoser. Unser Haus hatte, wie so manches andere, jahrzehntelang leergestanden, und die Eigentümer waren heilfroh, es an diese verrückten Fremden verscherbeln zu können. Líndos war damals noch sehr, sehr arm, und viele Bürger hatten ihr Dorf verlassen, um anderswo, vor allem in Nordafrika und in den Vereinigten Staaten, ihr Brot zu verdienen. So wußte keiner etwas anzufangen mit

Die Líndoser brauchen die Fremden, bleiben aber unter sich. Die Engländerin Polly Hope – hier mit Ehemann vor ihrem Haus – schrieb einen Roman, in dem eine Katastrophe das Verhältnis zwischen Einheimischen und Zugezogenen radikal verändert

diesen nutzlosen, unpraktischen Häusern, auf die zu allem Überfluß auch noch das Archäologische Institut seinen scharfen, jegliche äußere Veränderung unterbindenden Blick gerichtet hielt.

Aber wir griechenlandsüchtigen Deutschen, Italiener, Engländer, Amerikaner, wir wußten sehr wohl etwas damit anzufangen und griffen schnell zu, und als plötzlich der große Boom einsetzte, mußten die Líndoser feststellen, daß ihnen ein Großteil ihres wertvollsten Besitzes, aus dem man mühelos Gold hätte machen können, durch die Finger geflossen war wie Sand. Und es möchte heute manchmal fast wie eine bittere Rache der Einheimischen an den Fremden aussehen, viel subtiler als die eher derben Maßnahmen in Maryanns Buch, daß die Líndoser, um den verlorengegangenen Gewinn nun doch noch hereinzuholen, dem Massentourismus Tür und Tor geöffnet haben und damit den Fremden das feinsinnig-elitäre Vergnügen an ihrem viel zu billig realisierten Griechenlandtraum gründlich verpatzen.

WIR ERWARBEN DAS HAUS UND INSTALLIERTEN ALS ERSTES EIN SPÜLKLO

Wir erwarben also das Haus und installierten als erstes ein Spülklo, eine eher symbolische Manifestation unserer hygienischen Vorurteile, denn weil das kostbare Wasser allzu mühsam per Esel herangebracht und aufs Dach geschleppt werden mußte, blieb der Tank doch meistens leer. Unsere Nachbarn kamen, schauten, probierten aus und wunderten sich: zuerst dieser Hang zum Alten, Heruntergekommenen, und nun plötzlich eine supermoderne Sinnlosigkeit!

Alle Bemühungen, unsere Rituale und Beweggründe der neuen Umwelt verständlich zu machen, erwiesen sich als illusorisch. So machten nun wir uns daran, die Einheimischen zu ergründen und uns in ihre Sitten und Gebräuche hineinzudenken. Als erstes mußten wir uns lösen von unserer gehätschelten Vorstellung der *griechischen* Griechen, also jener Menschen, die fest in der Antike verwurzelt sind und denen es vor allem dank dieses ewigfruchtbaren Mutterbodens gelungen ist, die jahrhundertelange Fremdherrschaft heil zu überstehen. Dieser Grieche ist eine Erfindung, dem Bedürfnis bildungsvernebelter Nichtgriechen entsprungen. Es gibt ihn nicht, schon gar nicht in einem griechischen Dorf, in dem die Kinder nur sechs Jahre zur Schule gehen.

Was die Menschen und ihre Dörfer prägt und überleben läßt, ist ein unausrottbarer Gruppeninstinkt, der alles, was nicht zum Rudel gehört, abstößt oder unschädlich macht, und der weniger in gemeinsamer Geschichte wurzelt als in der Beziehung zu Grund und Boden. Ein Líndoser ist ein Mensch, der als Mitglied einer lindischen Familie in Líndos geboren und aufgewachsen ist. Und er ist um so lindischer, je mehr lindischen Boden die Familie besitzt. Daraus ergibt sich: einmal ein Líndoser, immer ein Líndoser.

Unter meinen Nachbarn gibt es Leute, die über zwanzig Jahre lang in Detroit in der Autoindustrie gearbeitet, verdient und gelebt haben wie typische Amerikaner. Kaum zurück in Líndos, fällt das fremde Leben von ihnen ab wie eine überflüssige Haut, und oftmals haben sie sogar Mühe, sich der Sprache der letzten zwanzig Jahre zu bedienen. Da ist zum Beispiel Michalis, der gescheite Sohn des Besitzers unseres ältesten Restaurants. Er wurde an der London School of Economics graduiert und ist sofort nach dem Examen heimgekehrt, heute sitzt er in Papas Restaurant hinter der Kasse.

Wir Fremden haben uns in unserem verständnislosen Entsetzen über den selbstmörderischen Kommerzialismus von Líndos oft zu der abenteuerlichen Überlegung verstiegen, daß wir die einzigen seien, die dieses Dorf wirklich liebten, und daß es an uns sei, den endgültigen Niedergang zu stoppen. Nun, die Líndoser brauchen ihr Dorf nicht zu lieben, *sie sind ihr Dorf*. Natürlich planen sie kaum bewußt und stellen sich weitgehend blind angesichts der Konsequenzen ihrer Nichtplanung, aber man darf wohl annehmen, daß schließlich der Selbsterhaltungstrieb obsiegen und das Rudel alles Fremde, Zerstörerische wieder wegbeißen wird. Patrick, unser Weltendurchschauer, glaubt allerdings nicht daran. Was Hunger, Erdbeben, Elend und Türken nicht geschafft hätten, so sagt er, das würde dem plötzlichen Reichtum gelingen.

Als ich nach drei Tagen Maryanns Buch aus der Hand lege, stelle ich fest, daß ein sanfter Wind weht, daß es wunderbar frisch duftet, ein paar neue Rosen aufgeblüht sind und ich mich plötzlich in Líndos mit all seinen Bewohnern sehr glücklich fühle. Ich gehe die zwanzig Schritte hinunter zu Pallas Supermarkt und frage dort meine alte Freundin Evangelítza nach Neuigkeiten. (Nein, sie würde mich niemals ins Meer jagen, sie würde mich notfalls in ihrem Haus unter dem großen Schlafpodest vor dem Zorn des Rudels verbergen!) „Der Waldbrand ist gelöscht", sagt sie, „alles unter Kontrolle, wir brauchen uns keine Sorgen mehr zu machen."

Tags darauf wandere ich wieder einmal hinauf zur Festung, frühmorgens. Immer noch wird hier wild herumrestauriert, und das stilistische Durcheinander ist keineswegs verschwunden. Aber das ist mir inzwischen von Herzen gleichgültig. Denn statt mit meinen alten Griechenlandklischees zu kollidieren, setze ich mich in luftiger Höhe auf einen Säulensockel und schaue hinunter aufs Dorf.

Wie lieblich und friedlich es dort liegt, wie heiter grau-weiß-grün und wie morgenfrisch, wie festgefügt und trotzig! Ich kann und will nicht an die Katastrophe glauben, an den Sieg der platten, geldgierigen Unkultur über lebenserhaltende Traditionen. Wenn die meisten der siebenhundert Líndoser auch schlichtweg jedes Geschichtsbewußtsein leugnen, so ist es ihnen doch tief und fest eingewachsen, und dreitausend Jahre Überleben müßten eigentlich ein gutes Training gewesen sein. Dieses Líndos ist stark und schön, und seine Menschen sind großzügig und fair! Natürlich spricht hier wieder einmal nur die Fremde, eine, die verliebt ist in ihren Líndos-Traum, den sie soviel nötiger hat als die Líndoser selbst.

HELGA HEGEWISCH, *Jahrgang 1931, ist Publizistin und lebt in London. Sie schreibt vor allem kulturpolitische Reportagen.*

Wenn Sie auf Draht sind, kommen Sie bis 30. 9. zum BHW. Und sichern sich so die schnellsten Verbindungen zu den BHW-Vorteilen.

Denn BHW DISPO 2000 bringt Sie mit seinen vielen Freiheiten den eigenen vier Wänden näher. Außerdem fördert Vater Staat das Bausparen 1989 noch mit vollen 23% Arbeitnehmer-Sparzulage auf vermögenswirksame Leistungen.

Falls Sie aber lieber heute als morgen Eigentum bauen oder kaufen wollen: Auch kein Problem. Selbstverständlich helfen wir Ihnen auch gern mit einer maßgeschneiderten Finanzierung oder der entsprechenden Immobilienvermittlung sofort weiter.

Nutzen Sie also den heißen Draht zum BHW. Und sprechen Sie vor dem 30. 9. mit Ihrem BHW-Berater. Mit ihm gehen Sie in allen Fragen der Baufinanzierung die beste Verbindung ein. BHW, 3250 Hameln 1, Postf. 10 13 22, Telefon (0 5151) 18-0, Btx ✻ 55255 #

BHW
Ideen für mehr Lebensqualität.

Der heiße Draht zum guten Rat: Bis 30. 09. Zeit- und Geldvorteile beim BHW wählen.

Für 1989 noch 23% Arbeitnehmer-Sparzulage

Hans W. Geißendörfer

WANN WACHT IHR ENDLICH AUF, IHR GRIECHEN!

Jeden Sommer wüten Waldbrände auf Rhodos, werden ganze Landstriche in Asche gelegt. Man munkelt, daß Einheimische auf diese Weise die Invasion der Fremden stoppen wollen. Einer, der längst kein Fremder mehr ist, sondern seit 1972 hier lebt, macht seiner Wut und Trauer über den Niedergang der Insel Luft

Die ehemals grüne „Insel der Rosen" war jahrhundertelang von Fremden besetzt. Aber kaum hatten die Leute von Rhodos ihre nationale Unabhängigkeit zurückgewonnen, öffneten sie freiwillig ihre Tore für eine neue Invasion: die Touristen kamen. Zuerst die Skandinavier und Engländer, dann die Italiener, die Deutschen, Franzosen und Vertreter aller Nationen. Der Massentourismus entwickelte sich hier bereits in den sechziger Jahren, und es gab keine warnenden Propheten, die der stürmischen Entwicklung Maßvolles entgegensetzen wollten oder konnten.

Heute leben die Bewohner der Insel vom Tourismus, die Menschen, die Traditionen, die Landschaft, alles hat sich verändert.

Rhodos ist eine fruchtbare Insel. Sie gab ihren Bewohnern ein einfaches, gutes Leben. Außerdem war da noch das reiche Meer, und floß aus Hunderten von Brunnen und Quellen köstlich frisches Wasser. Die Einheimischen reden zwar vom Wunder der nie versiegenden Brunnen, aber trocknen sie wirklich nicht aus? Denkt darüber eigentlich irgendein verantwortlicher Politiker nach?

Die Grundwasserreserven werden gnadenlos ausgebeutet und immer neue und tiefere Brunnen werden gebohrt, um den Bedarf in den Sommermonaten sicherzustellen. Jeder Tourist verbraucht hier vier- bis fünfmal mehr Wasser als zu Hause: Er duscht durchschnittlich dreimal am Tag – nach dem Aufstehen, wenn er vom Strand kommt und vor dem Schlafengehen. Viele stellen sich auch noch nachts unter die Dusche, wenn es in den engen Betonburgen zu heiß wird.

Die Duschen an den Stränden sind oft den ganzen Tag ohne Unterbrechung in Betrieb, das Wasser versickert im Sand – entweder, weil die Leute vergessen, den Hahn abzustellen, oder weil dieser defekt ist.

Selbstverständlich duscht man hier mit bestem Trinkwasser, das im übrigen auch durch die rund vierzigtausend Hotel- und Pensionstoiletten rauscht. Warum in Zeus' Namen, benutzt man nicht wenigstens für die Badezimmer entsalztes Meerwasser?

Als ich in den sechziger Jahren hierher kam, gab es in den meisten Dörfern weder Elektrizität noch Kanalisation. Heute sind die Straßen hell erleuchtet. Kilometerlange Wege wurden mit Straßenlampen verziert, um den Touristen den nächtlichen Heimweg zu erleichtern. Und wohin gehen sie unter strahlendem Licht aus Tausenden von Neonlampen und Glühbirnen? Sie gehen in den Beton. Architektur findet nicht statt. Statische Berechnungen reichen.

Die ehemaligen fremden Herren der Insel haben wenigstens herrliche Bauten hinterlassen, von den heutigen bleibt nur Dreck und Müll. Der wird ins Meer verfrachtet oder unter freiem Himmel verbrannt.

Die Rhodier haben früher wunderbare Häuser in ihren Dörfern gebaut. Sie haben die Landschaft dabei im Auge behalten, das Klima berücksichtigt und einen Baustil entwickelt, der sich mit heimischen Materialien verwirklichen ließ. Von Holz über Kleie bis hin zu Marmor, vom kleinsten weißen, roten oder schwarzen Kieselstein für Mosaikböden bis zum feinsten Sand und gebranntem Ziegel findet sich auf der Insel heute noch alles, was man zum natürlichen Bauen braucht.

In den alten Zeiten war man damit auch zufrieden und hat Häuser und Höfe, Paläste und Theater errichtet, die von hoher Baukultur zeugen. Die engen Gassen in den Dörfern sperrten die Sonne aus, und die hohen Decken in den Häusern ließen bei Hitze die Luft zirkulieren. Kleine Fenster und Türen sorgten für gute Belüftung und schützten im Winter vor Stürmen und Regen. Alles hatte seinen Sinn und stand im Zusammenhang mit der Natur und dem praktischen Leben. Das Betonzeitalter zerstörte jegliche organische Architektur. Mit Ausnahme einiger Großhotels errichtete man Bauten, die innen und außen eher Gefängnissen gleichen. Erst im Herbst 1988 wurde ein Gesetz erlassen – viel zu spät! –, das eine Mindestgröße und -höhe für Pensions- und Hotelzimmer vorschreibt.

Viele der seit den siebziger Jahren errichteten touristischen Behausungen sind so ziemlich das Gräßlichste, was aus Beton herzustellen geht. Zweckmäßigkeit lautet die Devise. Außerdem lassen sich diese Monstren schnell und billig aus dem Boden stampfen,

Hauptsache, die Fremden finden es attraktiv

und man kann eine Menge gutwilliger oder stumpfsinniger Urlauber hineinpferchen. Individuelles Bauen ist ebenso selten wie Individualreisende (83 Prozent aller Rhodos-Besucher sind Pauschaltouristen). Ich frage mich oft, warum Menschen aus aller Welt sich diese Art von Unterkünften gefallen lassen. Meist sind die Wände so dünn, daß das Schnarchen des Nachbarn genauso laut zu vernehmen ist wie die Liebesseufzer der Freundin im eigenen Bett.

Den Einheimischen ist es nicht zu verübeln, daß sie das schnelle Geld machen wollen; aber müssen sie denn Stück für Stück ihre Insel zugrunderichten? Offensichtlich wollen sie es auch nicht wahrhaben, daß von ihrer harten Arbeit im Dienste des Tourismus vor allem die mächtigen ausländischen Reisegesellschaften profitieren. Aber es sind nicht nur die Planierraupen, die die Zerstörung der Insel vorantreiben.

In den sechziger Jahren gab es hier zum Beispiel inklusive der Busse an die zweihundert vierrädrige Motorfahrzeuge; heute sind es rund 4500. Der Rent-a-Car-Boom ist gigantisch. Auf den entlegensten Pfaden brausen Touristen im offenen und oft überfüllten Jeep lärmend durch die Gegend, verursachen durch Fahrlässigkeit Waldbrände und hinterlassen nicht selten Picknickreste und dergleichen.

Oft nur mit Badehose oder Bikini bekleidet, tragen sie bei Stürzen nicht nur Brüche, sondern vor allem auch Verbrennungen davon. Alkohol ist sicher die häufigste Ursache für Unfälle. In der für die meisten ungewohnten Hitze der Sommermonate wird viel getrunken. Übermut und Ferienstimmung tun ein übriges. Die verantwortlichen Politiker und Behörden sorgen nicht einmal für genug Hinweistafeln oder Verkehrsschilder. Nach dem Führerschein wird zwar bei der Vermietung der Fahrzeuge gefragt, aber wer kümmert sich schon um die Details dieser Papiere, wenn der Tourist nicht sowieso einfach vorgibt, sie vergessen zu haben.

Ein schneller B

Gibt es Schuldige? Wir alle sind schuld, auch wir, die wir seit Jahren hier leben. Ich habe selbst ein Haus gebaut, in wunderschöner Landschaft. Andere taten das gleiche, und dort, wo einst unberührte Natur war, stehen heute Pensionen und Ferienhäuser von Griechen und Ausländern. Wir haben als anderen Ländern unseren Lebensstil hierher gebracht. Wir alle waren und sind noch immer bereit für Sonnentage zu zahlen. Die Grillstationen gleichen, von oben gesehen, riesigen Bienenwaben: Liegestuhl an Liegestuhl, Sonnenschirm an Sonnenschirm, in Vierer- oder Fünferreihen ausgerichtet, auf Kilometerlänge. Jede Stunde vielleicht ein müdes Planschen im Wasser. Rund tausend Liter Sonnenöl werden pro Großstrand in einer Saison von den geölten Körpern ins Meer gewaschen.

Am Abend sucht der Fremde Zerstreuung, verlangt nach vertrautem Essen und ihm bekannten Getränken. Vor zehn Jahren noch gab es in jeder Kneipe außer griechischem Kaffee auch Ouzo, Retsina und im Land hergestelltes Bier. Heute gibt es nur noch selten Retsina – die meisten Touristen mögen ihn nicht –, und das Bier kommt aus allen Ländern Europas (es wird bestenfalls in Griechenland abgefüllt). Dafür aber gibt es zum Beispiel jede erdenkliche Whisky-, Wodka- oder Ginsorte. Und dies ist symptomatisch für vieles andere. Die ehemals berühmte griechische Gastfreundschaft schielt nur noch auf den Geldbeutel des Urlaubers, und der Wert des Fremden hängt nur von seinen Moneten ab. Das klingt hart, aber es ist so. Griechische Musik wird in den Tavernen und Kneipen entweder gar nicht mehr gespielt, nur auf Wunsch oder bei Hochzeiten von Einheimischen. Dafür gibt es ein Volkstanztheater, wo man die scheinbar aus der Mode gekommenen griechischen Tänze wie im Museum bestaunen kann. Auf den Kirchweihfesten in den Dörfern wird noch getanzt, und die traditionelle Musik hat nach wie vor die gleiche emotionale Kraft: fröhlich, lebensbejahend und melancholisch zugleich. Es wird nicht mehr lange dauern, dann werden auch diese Feste ins touristische Programm mit aufgenommen sein.

Antike genügt

Kommt man heute zum Beispiel nach Líndos, dröhnt einem aus Dutzenden von Lautsprechern aus den zahllosen Bars und Kneipen die britische Hitparade entgegen: Kakophonie bis in die Nachtstunden. Traditionelle griechische Restaurants, meistens Familienbetriebe, verwandeln sich von einer Saison zur anderen in Cocktailbars oder Nightclubs, weil mit Getränken mehr Geld mit weniger Arbeit zu verdienen ist. Die Restaurants bieten in der Regel Einheitskost, eine Mischung aus Wienerwald und McDonald's.

Es gibt Ausnahmen. Zum Beispiel das sechzig Jahre alte Restaurant Maphriekos an der Platía in Líndos. Unter der Oberaufsicht des alten Vaters kocht dort einer seiner Söhne zumindest am Abend das Beste, was die griechische Küche zu bieten hat.

Es heißt zwar noch immer, Líndos stehe unter archäologischem Schutz und es dürfe nur dort gebaut werden, wo Reste von Gebäuden aus der Vergangenheit sichtbar sind. Aber es wird überall gebaut. Die Naturfelsen von Líndos weichen den Sprengungen durch Dynamit, und es kracht ja nur ein- oder zweimal pro Bauplatz. Dann tritt wieder Ruhe ein, und Líndos wächst weiter. 1973 hatte Líndos vier Lokale, in denen vor allem Einheimische verkehrten, heute sind es 42: Bars, Restaurants, Fast-Food-Läden, Nightclubs, Cafés und Diskotheken.

Noch Anfang der achtziger Jahre vom Tourismus weitgehend unberührte Ortschaften wie Lárdos und Gennádiou oder Gartenlandschaften wie Péfka oder der Strand von Asklipiíou platzen heute aus allen Nähten. Eine Pension nach der anderen entsteht, aus alten Bauernhäusern werden Kneipen oder Appartements, Hotels reihen sich auf thymianüberwachsenen Hügeln nahe der Küste aneinander, das neueste Bauwerk fast immer noch ein bißchen häßlicher als das von gestern.

Der Besitzer eines Hotelneubaus zwischen Lárdos und Gennádiou ließ sogar einen langgezogenen Hügel abtragen, der den Blick aufs Meer versperrte. Es kommen einem die Tränen. Ich glaube, es gibt inzwischen höchstens noch fünf Dörfer auf der Insel, die nur sporadisch vom Fremdenverkehr heimgesucht werden. Aber auch dort werden die Straßen ausgebaut, die Restaurants vergrößert, und am Abend kommen die Busse voller braungebrannter Touristen und belegen die Sitzplätze auf der Veranda und essen ein Einheitsmenü zum Einheitspreis mit Einheitsbier oder Einheitswein. Dazu tanzt ein Häuflein Einheimischer in Tracht mürrisch seinen Pflichtsirtaki ab. Die Fremden sehen nicht die Trauer in den Augen der alten Dörfler, die schwarz- oder dunkelgekleidet vor ihren Haustüren sitzen und dort eigentlich auch nicht sitzen sollten, da sie die optimistische Optik im Neonlicht stören. Wut macht hilflos. Vernunft sucht das Gespräch. Aber mit wem soll man reden, wenn es nur noch um Profit geht.

Warnende Stimmen werden verdrängt. Verdrängt wird auch, daß der Tourismus die sozialen, soziologischen, ethischen und religiösen Grundstrukturen der Insel weitgehend vernichtet oder geändert hat. Jede zweite Familie im Dorf besitzt einen Videorecorder.

Die Filme, die dort betrachtet werden, sind Abbilder des Lebens, das – so müssen die Einheimischen vermuten – von der Mehrzahl ihrer Gäste gelebt wird. Es sind Sehnsüchte nach Gleichstellung mit dem meist unkritisch bewunderten Deutschen, Amerikaner, Engländer. Pornos zeugen von freier Liebe. Wenn man modern sein will, hält man sich als junger Grieche oder als junge Griechin nicht mehr an die altbewährte Rituale und die Moral der Großväter. Schon in der zweiten Generation wird modern gelebt und, wenn sich die Möglichkeit ergibt, auch modern geliebt. Touristen beider Geschlechter wollen angeblich nichts anderes. *Latin love* endet oft mit Verzweiflung.

Aids hat hier inzwischen einen Wandel bewirkt. Aber müssen es denn immer Katastrophen oder Krankheiten sein, die Veränderungen verursachen?

Ich behaupte nicht, daß die „Arbeit am Touristen" für die Einheimischen Honiglecken sei. In der Saison schuften die meisten sehr hart für ihr Geld. Oft werden die Kinder vernachlässigt, da beide Elternteile mit anpacken müssen. Die Kinder bleiben den ganzen Tag bis in die Nacht hinein weitgehend unbeaufsichtigt und streunen herum. So mancher Lehrer verflucht diese Situation in den touristischen Zentren, da die Kinder – weitgehend unerzogen und alleingelassen – den Unterricht erschweren.

Im Winter wird so manches Kind dann aus schlechtem Gewissen der Eltern mit

Zweckmäßigkeit ist die Devise

Reichtümern überschüttet, mit Delikatessen vollgestopft. Die Familie insgesamt hat an Bedeutung verloren, obwohl sie für die Griechen über Jahrhunderte der größte Reichtum war. Großeltern leben heute oft in kaum zumutbaren Behausungen, da der eigentliche Wohnraum an Touristen vermietet wird. Der Neid auf den Bruder oder unversöhnlicher Erbschaftsstreit wegen Bauland oder vermietbarer Wohnfläche lassen ganze Familien zerfallen.

Überfremdung ist für Rhodos kein passender Begriff mehr: *Fremdenherrschaft* trifft die Situation viel genauer. Es herrscht das Geld der Fremden. Wenn es denen einmal schlecht gehen sollte und sie nicht mehr zu Tausenden anrücken, was dann? Werden die jetzt vernachlässigten Äcker wieder bestellt? Werden die zubetonierten Flächen je wieder grün? Warum gibt es nicht den Tourismus der Vernunft? Warum müssen es Jahr für Jahr mehr Urlauber werden, die über die Insel herfallen, hungrig nach Sonne wie Maden nach Speck? Der Tag scheint nicht mehr fern, an dem die Griechen von Rhodos auch noch ihre eigene Sprache vergessen.

Reicht es denn noch nicht aus, das Geld, das man verdient und von dem man eigentlich gut leben kann? Müssen denn alle Rhodier eines Tages bei Harrods in London einkaufen, weil ihnen ihre eigenen Läden nicht mehr ausreichen? Muß denn auch noch das letzte bißchen Wald, das noch von der ehemals grünen Insel zeugt, verbrennen, bis man – zu spät – ein Einsehen hat? Oder haben jene recht, die sagen, daß die verheerenden Waldbrände der letzten zwei Jahre letztlich die Insel retten werden, weil die Fremden der verbrannten Landschaft keinen Reiz abgewinnen können und die Reisegesellschaften ihre Touristenheere zu anderen Zielen lenken werden?

Jene Rhodier vermuten hinter den Waldbränden die planmäßige Sabotage von Ultratraditionalisten, die auf diese brutale Weise die Herrschaft der Fremden beenden wollen.

Wann wacht ihr endlich auf, ihr Griechen von Rhodos? Ich kenne viele von euch. Mit mancher Familie hier aus den Dörfern verbindet mich jahrelange Freundschaft. Viele von euch sind wunderbare Griechen geblieben. Ich verdanke euch viel. Meine Kinder verdanken euch viel. Wir lieben euch und eure Insel von ganzem Herzen. Es tut weh, euch nicht helfen zu können.

HANS W. GEISSENDÖRFER, *Jahrgang 1941, ist Filmemacher. Er schreibt und produziert die Fernsehserie „Lindenstraße" für die ARD.*

DER EID DES H

Von Knut Sroka

Hippokrates wurde im Jahre 460 v. Chr. auf der Insel Kós als Sohn eines Arztes geboren. Kós, seit alters her dem Gott Asklepios geweiht, war so etwas wie das Lourdes der Antike. Von weit kamen die Menschen angereist in der Hoffnung auf Heilung im heiligen Bezirk, im Asklipion von Kós.

In jungen Jahren führte Hippokrates ein bewegtes Leben als Wanderarzt, das ihn von Nordafrika bis nach Südrußland brachte. Der Durchbruch gelang ihm am Hof des makedonischen Königs Perdikkas II. Der König litt an einer „unheimlichen Krankheit", er war trübsinnig geworden, klagte über ständige Kopf- und Bauchschmerzen, nahm kaum noch Nahrung zu sich, und auch am Sexuellen hatte er allen Spaß verloren. Hippokrates deckte als Ursache dieses Leidens eine sehr unstandesgemäße und deshalb heftig verdrängte Liebesbeziehung des Königs zu einer hübschen Magd auf. Wie auch immer – die Heilung gelang, und der König gewann seine Lebensfreude wieder.

Hippokrates und der Schule, die er auf Kós begründete, gilt das Verdienst, die Medizin des Altertums aus ihren magischen Fesseln gelöst zu haben. Das Corpus Hippocraticum, das wissenschaftliche Werk dieser Schule, ist die erste naturwissenschaftlich fundierte Systematik der Medizin in Europa. Doch Hippokrates ging es nicht nur um wissenschaftliche Exaktheit, um präzise Beobachtung und Beschreibung der Natur des Menschen, sondern vor allem auch darum, die Ärzte als Berufsstand von den zahlreichen Scharlatanen und Quacksalbern abzugrenzen. Jeder Arzt sollte von nun an auf einen Sittenkodex eingeschworen werden und mit diesem Eid sein Tun und Handeln strengen sittlichen Maßstäben unterwerfen.

So ist es bis heute geblieben. 1949 hat der Weltärztebund eine unserer Zeit gemäße Neufassung dieses Ärzteversprechens vorgelegt, das sogenannte Genfer Gelöbnis:

„Bei meiner Aufnahme in den ärztlichen Berufsstand gelobe ich feierlich, mein Leben in den Dienst der Menschlichkeit zu stellen. Ich werde meinen Beruf mit Gewissenhaftigkeit und Würde ausüben. Die Erhaltung und Wiederherstellung der Gesundheit aller Patienten soll oberstes Gebot meines Handelns sein. Ich werde alle mir anvertrauten Geheimnisse wahren. Ich werde mit all meinen Kräften die Ehre und die edle Überlieferung des ärztlichen Berufs aufrechterhalten und mich in meinen ärztlichen Pflichten nicht durch Religion, Nationalität, Rasse, Parteipolitik oder soziale Stellung beeinflussen lassen. Ich werde jedem Menschenleben von der Empfängnis an Ehrfurcht entgegenbringen und selbst unter Bedrohung meine ärztliche Kunst nicht in Widerspruch zu den Geboten der Menschlichkeit anwenden. Ich werde meinen Lehrern und Kollegen die schuldige Achtung erweisen. Dies alles verspreche ich feierlich auf meine Ehre."

Der Eid der Antike wie auch das moderne Genfer Gelöbnis sind von der Form her feierliche Deklarationen. Worum geht es inhaltlich? Der Eid – siehe Seite 86 – beginnt mit der Anrufung von Göttern, von Apollon, „dem Arzt", von Asklepios, dem Gott der Gesundheit und Heilung, von Hygieia und anderen Gottheiten. Der Schwur von Kós bindet sich ein in die vitalen und dramatischen Bilder der antiken göttlichen Welt. Er ist, als gesprochener Eid, ein sakraler Akt, ein Ritus, der auf Lebenszeit verpflichtet. Heute werden die Dinge nüchterner gehandhabt. Mit der Erteilung der Approbation, also der Ernennung zum Arzt durch die zuständige Gesundheitsbehörde, wird jeder Mediziner gesetzliches Zwangsmitglied der örtlichen Ärztekammer. Damit unterliegt er der Berufsordnung dieser Institution, und dieser Berufsordnung ist das Genfer Gelöbnis einleitend vorangestellt. In unserer bürokratisch reglementierten Zeit spricht kein Arzt in der Bundesrepublik Deutschland einen Eid, er leistet auch keine Unterschrift als Ausdruck persönlicher Zustimmung. Nein, mit der Approbation unterliegt er der Macht gedruckten Papiers. Im zweiten Absatz be-

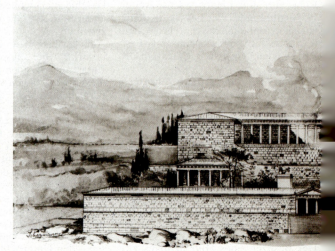

So sah das be... das im 4. Jh. v. Chr. en... Heilung sucht...

Vor 2500 Jahren formulierte auf der Insel Kós ein Mediziner neun Regeln, deren ethische Substanz bis heute als Richtschnur ärztlichen Handelns gilt

HIPPOKRATES

schreibt der hippokratische Eid das in der Antike übliche Meister-Lehrlingsverhältnis in der Erlernung der ärztlichen Kunst.

Zur Ausbildung unserer heutigen Studentenmassen zweifellos ungeeignet, bietet ein solches Lehrverhältnis für den Arzt in seiner Fortbildung, im Erlernen bestimmter Spezialitäten auch in unseren Tagen noch faszinierende Seiten.

Im dritten Absatz geht es eigentlich um eine Selbstverständlichkeit – das *nil nocere*, die bis heute gültige Richtschnur ärztlichen Handelns, dem Patienten unter keinen Umständen Schaden zuzufügen. Sodann stoßen wir auf ein heikles Kapitel. Im vierten Absatz verlangt der Eid, sich jeglicher aktiver und passiver Euthanasie zu enthalten und auch keine Abtreibungen durchzuführen. Aktive Euthanasie, das heißt, Behinderte und Kranke auf ärztliche Anordnung hin zu töten.

In großem Stil bürokratisch perfekt organisiert, blieb diese Pervertierung hippokratischer und allgemein menschlicher Grundsätze deutschen Ärzten der Generation meiner Eltern vorbehalten. Solange ist das nicht her, und das waren auch keine anderen Deutschen als wir; 200000 bis 300000 geistig oder körperlich behinderte Kinder und Erwachsene wurden vor rund fünfzig Jahren in Deutschland zu Tode gespritzt, vergast oder Opfer grauenhafter Menschenversuche.

Passive Euthanasie, das bedeutet für den Arzt, dem Verlangen eines Patienten, seinem Leben ein Ende zu setzen, nachzugeben und ihm dabei zu helfen. Leuchtendes Beispiel für den Freitod in der Antike war Sokrates, der, zum Tode verurteilt, durchaus hätte fliehen können. Er ließ sich stattdessen in seiner Gefängniszelle den berühmten Schierlingsbecher reichen. Wer als Arzt lange genug praktiziert, wird immer mal wieder mit dem Wunsch nach der erlösenden Spritze konfrontiert. Patentrezepte gibt es in einer solchen Situation nicht.

Auch Gelöbnisse und Paragraphen können nur begrenzte Entscheidungshilfen bieten. Stets gilt es in einem solchen Fall, die persönliche Lage des betroffenen Patienten in allen Aspekten zu erfassen: Ist die Situation wirklich hoffnungslos, und warum gelingt es nicht, auch schweres Leiden zu ertragen? Ein Entschluß zur Sterbehilfe kann immer nur aufgrund eines langjährigen Vertrauensverhältnisses zwischen Arzt und Patient gefunden werden, und die Intimität einer solchen Beziehung ist kein Fall für die Öffentlichkeit. Passive Euthanasie fordern im übrigen ausdrücklich die militärmedizinischen Vorschriften in Ost und West. Auf beiden Seiten wird vom Arzt verlangt, daß er im Atomkrieg gerade die Schwerstverletzten, die zu ihrem Überleben vor allen anderen auf ärztliche Hilfe angewiesen wären, unbehandelt zur Seite schiebt und ihrem Sterben überläßt. Triagegruppe T₄ – „abwartende Behandlung" – heißt zynisch die Nato-Kategorie für diese Patientengruppe. Der Begriff *triage* leitet sich vom Aussortieren der Kaffeebohnen her. Gegen eine solche zutiefst unärztliche Haltung hat eine mittlerweile starke Ärztegruppierung – die Internationalen Ärzte für die Verhütung des Atomkriegs (IPPNW) – unter ausdrücklicher Berufung auf den hippokratischen Eid in den letzten Jahren energisch Front gemacht.

Auch die Abtreibungshilfe ist ein kontrovers diskutiertes Thema – schon seit der Antike. Hippokrates fordert von den Ärzten, von solch „unreinem Tun" abzusehen. Seine Zeitgenossen Platon und Aristoteles empfehlen die Abtreibung ausdrücklich als Mittel der Familienplanung.

In den Schriften der hippokratischen Schule finden sich denn auch mehrfach Anleitungen zur Herbeiführung eines Aborts. Und dies sicher nicht zu Unrecht. Auch wenn sich das Sexualleben in den modernen Industrienationen immer freizügiger gestaltet, so bleibt doch ein entscheidender Unterschied zur Antike: Heute werden sexuelle Tabus zunehmend gebrochen, im alten Griechenland unterlag die Sexualität in all ihren Spielarten überhaupt keiner Tabuisierung. Die Götterwelt zeigt es uns: Kanake, die Tochter des Äolus, schläft mit ihrem Bruder Ma-

...ion auf Kós aus, ...dizinzentrum, wo Kranke ...Forschung trieben

*Heute schätzt
sich jeder Arzt glücklich, wenn er ungeschoren
durchs Berufsleben kommt,
ohne Prozesse, ohne sich in bürokratischen
Fußangeln zu verfangen*

kareus, Demeter paart sich mit Poseidon in Hengstgestalt. Zuweilen schwängern Schwäne, zuweilen Schlangen diese Göttinnen, die ihrer Lust nicht widerstehen können, und Pasiphae kann sich vom Penis des Weißen Stiers nicht mehr losreißen. Die gesamte griechische Mythologie ist voll von solchen Geschichten. Der Bedarf an Abtreibungshilfe war in der Antike mindestens so groß wie heute.

Das Genfer Gelöbnis formuliert sehr schön: „Ich werde jedem Menschenleben von der Empfängnis an Ehrfurcht entgegenbringen." In der ärztlichen Berufsordnung heißt es anschließend lapidar: „Schwangerschaftsunterbrechungen unterliegen den gesetzlichen Bestimmungen."

Der fünfte Absatz des hippokratischen Eides verlangt Frömmigkeit und Reinheit von Ärzten, das heutige Gelöbnis verpflichtet den Arzt in seinem ersten Satz auf Menschlichkeit. Im Gegensatz zu unserem humanen Empfinden galt Krankheit im alten Griechenland als Schande, und im heiligen Bezirk von Kós wurde auch eine Art Auswahl im Sinne der Triage T$_4$ durchgeführt: Todkranke und Schwangere durften diesen Bezirk nicht durch ihre Anwesenheit verunreinigen. Der sechste Absatz spricht vom Verbot des Steinschnitts und anderer chirurgischer Tä-

DER EID DES § HIPPOKRATES

1 Ich schwöre und rufe Apollon, den Arzt, und Asklepios und Hygieia und Panakeia und alle Götter und Göttinnen zu Zeugen an, daß ich diesen Eid und diesen Vertrag nach meiner Fähigkeit und nach meiner Einsicht erfüllen werde.

2 Ich werde den, der mich diese Kunst gelehrt hat, gleich meinen Eltern achten, ihn an meinem Unterhalt teilnehmen lassen, ihm, wenn er in Not gerät, von dem Meinigen abgeben, seine Nachkommen gleich meinen Brüdern halten und sie diese Kunst lehren, wenn sie zu lernen verlangen, ohne Entgelt und Vertrag. Und ich werde an Vorschriften, Vorlesungen und aller übrigen Unterweisung meine Söhne und die meines Lehrers und die vertraglich verpflichteten und nach der ärztlichen Sitte vereidigten Schüler teilnehmen lassen, sonst aber niemanden.

3 Ärztliche Verordnungen werde ich treffen zum Nutzen der Kranken nach meiner Fähigkeit und meinem Urteil, hüten aber werde ich mich davor, sie zum Schaden und in unrechter Weise anzuwenden.

4 Auch werde ich niemandem ein tödliches Mittel geben, auch nicht, wenn ich darum gebeten werde, und werde auch niemanden dabei beraten; auch werde ich keiner Frau ein Abtreibungsmittel geben.

5 Rein und fromm werde ich mein Leben und meine Kunst bewahren.

6 Ich werde nicht schneiden, sogar Steinleidende nicht, sondern werde das den Männern überlassen, die dieses Handwerk ausüben.

7 In alle Häuser, in die ich komme, werde ich zum Nutzen der Kranken hineingehen, frei von jedem bewußten Unrecht und jeder Übeltat, besonders von jedem geschlechtlichen Mißbrauch an Frauen und Männern, Freien und Sklaven.

8 Was ich bei der Behandlung oder auch außerhalb meiner Praxis im Umgang mit Menschen sehe und höre, das man nicht weiterreden darf, werde ich verschweigen und als Geheimnis bewahren.

9 Wenn ich diesen Eid erfülle und nicht breche, so sei mir beschieden, in meinem Leben und in meiner Kunst voranzukommen, indem ich Ansehen bei allen Menschen für alle Zeit gewinne; wenn ich ihn aber übertrete und breche, so geschehe mir das Gegenteil.

tigkeiten. Ärzte sollten ihr Tun offensichtlich nicht mit grober Handarbeit beflecken. Dagegen stand schon damals die Praxis, ja gerade die Mediziner aus der Schule des Hippokrates wagten sich sogar an die Trepanation, das Aufmeißeln des Schädels. Das heutige Gelöbnis übergeht diesen Absatz verständlicherweise.

Sodann berührt der antike Eid noch einmal das Verhalten auf sexuellem Gebiet. Ärzte sollen die Finger von den Frauen und Sklaven im Hause eines Kranken lassen. Wahrscheinlich eine damals verbreitete Unsitte. Heute wird derartiges Tun ja nur noch den Psychiatern mit ihren Patientinnen nachgesagt. An der korrespondierenden Stelle unseres heutigen Gelöbnisses findet all dies keine Erwähnung. Statt dessen steht hier der wichtige Satz: „Ich werde mich in meinen ärztlichen Pflichten nicht durch Religion, Nationalität, Rasse, Parteipolitik oder soziale Stellung beeinflussen lassen."

Der nächste, der achte Absatz, bezieht sich auf die ärztliche Schweigepflicht. Der Mediziner Ulrich Wolff hat einmal gesagt, die Schweigepflicht sollte den Kranken wie mit einem warmen Mantel umhüllen. Dieser Mantel ist heute vielfach durchlöchert und weitgehend zur Farce geworden. Unser Staat, Banken und Polizei und vor allem unsere Sozialversicherungsträger bemühen sich nach Kräften, diese Basis jeglichen Vertrauensverhältnisses zwischen Arzt und Patient zu zerstören.

Am Ende verheißt das hippokratische Gelöbnis hohes Ansehen dem, der diesen Eid hält. Heute schätzt sich jeder Arzt glücklich, wenn er ungeschoren durchs Berufsleben kommt, ohne Prozeß, ohne sich in bürokratischen Fußangeln zu verfangen. "Ansehen bei allen Menschen für alle Zeit" ist sicher nicht mehr die Belohnung für korrektes ärztliches Verhalten. Und dennoch können Ärzte auch heute noch zu Ansehen gelangen, sozusagen im kleinen, im Umfeld ihrer Praxis: Wenn sie neben einer guten Medizin ihre Patienten auch menschlich betreuen, ihnen in ihren Lebenskrisen beistehen, ihnen helfen, unabänderliches Leiden zu akzeptieren und sie schließlich im Sterben begleiten. Auch wenn diese Fähigkeiten in unserem technokratischen Zeitalter rapide schwinden, macht erst das den eigentlichen Arzt aus. Auch darin ist Hippokrates ein Beispiel.

KNUT SROKA, *Jahrgang 1942, Dr. med., lebt als praktischer Arzt in Hamburg. Er schrieb das Buch "Herzkrank. Alternativen zur Schulmedizin".*

"Wir verlangen mehr von einer Kopfschmerztablette als nur rasche Wirkung."

(Sie auch?)

Thomapyrin Schmerztabletten erfüllen auf Grund ihrer speziellen Zusammensetzung die Erwartungen, die bei Kopfschmerzen an eine moderne Schmerztablette gestellt werden. Sie sind rasch wirksam und gut verträglich: durch niedrig dosierte, aufeinander abgestimmte Wirkstoffe. Thomapyrin Schmerztabletten lassen sich leicht teilen, mit etwas Flüssigkeit problemlos einnehmen und helfen gegen Kopfschmerzen, Zahn- und Regelschmerzen und Erkältungskrankheiten.
10 Tabletten DM 3,10, 20 Tabletten DM 5,30.
Auch in der Schweiz erhältlich.

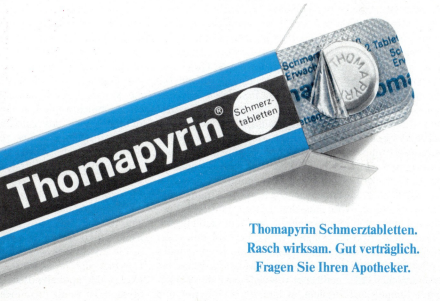

**Thomapyrin Schmerztabletten.
Rasch wirksam. Gut verträglich.
Fragen Sie Ihren Apotheker.**

Thomapyrin Schmerztabletten bei Schmerzen wie z. B. Kopf-, Zahn-, Regel-, Nervenschmerzen (Neuralgien), akuten Migräneanfällen, Entzündungen, Fieber, auch bei Erkältungskrankheiten. Nicht anwenden bei Magen- und Zwölffingerdarmgeschwüren, krankhaft erhöhter Blutungsneigung, bei Lebererkrankungen sowie Paracetamol-Überempfindlichkeit. Das Präparat sollte nur nach Befragen des Arztes angewendet werden bei Glucose-6-Phosphatdehydrogenase-Mangel, bei gleichzeitiger Anwendung gerinnungshemmender Arzneimittel, bei Asthma, Überempfindlichkeit gegen Salicylate, andere Entzündungshemmer/Antirheumatika oder andere allergene Stoffe, Magen- oder Zwölffingerdarmbeschwerden, vorgeschädigter Niere, in der Schwangerschaft – insbesondere in den letzten 3 Monaten.
Nebenwirkungen: Magenbeschwerden, Magen-Darm-Blutverluste; selten Überempfindlichkeitsreaktionen, sehr selten Störungen der Blutbildung. Thomapyrin soll längere Zeit oder in höheren Dosen nicht ohne Befragen des Arztes angewendet werden.
Thomae Dr. Karl Thomae GmbH, Biberach an der Riss.

Nach dem Frühstück wird sich meine unbekannte Leserin einen ruhigen Platz suchen und die Apokalypse aufblättern. Hie und da wird sie die Stirn runzeln. *Und sie singen ein neues Lied vor dem Thron und vor den vier Wesen und den Ältesten; und niemand konnte das Lied lernen außer den Hundertvierundvierzigtausend, die losgekauft sind von der Erde. Das sind die, die sich mit Weibern nicht beflecken.* Zwölf mal zwölf mal tausend Männer, die sich mit uns nicht einlassen wollen, mag die unbekannte Touristin auf Pátmos denken. Nie werde ich das Lied dieser Männer lernen können.

Die Apokalypse des Johannes ist das letzte Buch der christlichen Bibel. Zwei bis drei Dutzend weiterer Apokalypsen aus der Zeit zwischen 200 vor und 150 nach der Geburt Christi sind ebenfalls erhalten geblieben, außerhalb der kanonischen biblischen Schriften der Juden und Christen. Apokalypse heißt Offenbarung, Enthüllung verborgener Zusammenhänge. Die Vorliebe für esoterische Literatur ist mindestens zweitausend Jahre alt. In allen Apokalypsen gibt es zwei Weltalter, ein gegenwärtiges und ein zukünftiges. Der gegenwärtige Aion ist trübselig, der künftige freudenvoll. Zwischen beiden liegt eine Katastrophe, der Untergang des Bestehenden. Aller Wahrscheinlichkeit nach wird meiner unbekannten Leserin während der Lektüre der Johannes-Apokalypse die Atombombe einfallen. Vielleicht sollte man sich auf Pátmos niederlassen, wenn die Zeitungsnachrichten bedrohlich werden. Den Männern ist alles zuzutrauen.

Ich Johannes euer Bruder und Gefährte in der Drangsal befand mich auf der Insel die Patmos heißt um des Wortes Gottes und des Zeugnisses Jesu willen. Ich wurde des Geistes voll am Tag des Herrn und hörte hinter mir eine laute Stimme wie von einer Posaune. Auf Pátmos wird eine Höhle gezeigt, in der besagter Johannes seine Visionen erfuhr, verbannt durch Gerichtsbeschluß der römischen Behörden auf die öde Insel, wegen seines Bekenntnisses zur Sekte der Christen, so um das Jahr 96 nach Christus herum. Ob die Höhle authentisch ist, tut wenig zur Sache. Ein Wanderprediger könnte Johannes gewesen sein, meinen die Kommentatoren. Zwanzig gelehrte Kommentare zur Johannes-Apokalypse aus den letzten fünfzig Jahren stehen in den Fachbibliotheken bereit. Mit dem Lieblingsjünger Jesu, dem Apostel Johannes, sei der Johannes der Apokalypse nicht gleichzusetzen, meinen die Kommentatoren, allesamt männlichen Geschlechts. Möglicherweise ein palästinensischer Jude, geflüchtet wie viele nach der Zerstörung des Tempels in Jerusalem im Jahr 70, nach Syrien und hernach ins Gebiet des östlichen Kleinasien, nach Ephesus, Smyrna, Pergamon und in die anderen schönen Städte, wo es bereits Christengemeinden gab.

Was du schaust schreibe in ein Buch und sende es den sieben Gemeinden nach Ephesus und nach Smyrna und nach Pergamon und nach Thyatira und nach Sardes und nach Philadelphia und nach Laodicea. Um vorgelesen zu werden während des Gottesdienstes, zum Trost in der Drangsal, zur Kräftigung des Glaubens an die baldige Wiederkunft des Herrn Jesus, zu richten die Lebendigen und die Toten. *Denn die Zeit ist nahe.* Handwerker, Sklavinnen, Kutscher, Lastträger, Ammen, Marktfrauen in den sieben Gemeinden sollen hören, was ihnen der Wanderprophet Johannes vom Herrn Jesus zu bestellen hat.

Da wandte ich mich um, die Stimme zu sehen, die mit mir sprach. Und wie ich mich umgewandt hatte, sah ich sieben goldene Leuchter und inmitten der Leuchter einen gleich einem Menschensohn, angetan mit wallendem Gewand und um die Brust gegürtet mit goldenem Gürtel. Er weiß ganz genau, was sich zuträgt in den Gemeinden. *Ich habe gegen dich, daß du deine erste Liebe verlassen hast.* In Ephesus, Pergamon und Thyatira hat sich unter den Getauften die alte heidnische Liederlichkeit wiederum bemerkbar gemacht, *Götzenopferfleisch zu essen und Unzucht zu treiben.* Das für den Opferbetrieb der Tempel nicht benötigte Fleisch der täglich frisch geschlachteten Tiere war billig zu haben, und der Gang zu den Dirnen für die Männer eine selbstverständliche Gewohnheit. *Bekehre dich also!*

In Ephesus stand der Tempel der Artemis, eines der sieben Weltwunder, darin das berühmte Standbild Unserer-Lieben-Frau-mit-den-vielen-Brüsten, Herrin der wilden Tiere und jungen Mädchen, der glücklichen Niederkunft auch. In Pergamon stand der riesige Altar des Zeus oberhalb der Stadt, jawohl, der mit dem Ostfries, zu besichtigen in Berlin, und ferner das Heiligtum des Asklepios. *Wer ein Ohr hat, der höre was der Geist den Gemeinden sagt.*

Meine unbekannte Leserin weiß, daß die Alternative alles oder nichts in die Neurosenlehre gehört. Sie muß abermals die Stirn runzeln. *Wärest du doch kalt oder heiß! So aber, weil du lau bist und weder heiß noch kalt, so will ich dich auskotzen aus meinem Munde.* Der Menschensohn der Johannes-Apokalypse scheint eine ziemlich autoritäre Persönlichkeit zu sein. Mit dem Guten Hirten, wie ihn die römischen Christen so gern auf die Wände ihrer Katakomben malen ließen, hat er ganz offensichtlich wenig gemeinsam. Vielleicht enthält das Christentum, auch das ganz frühe, mehrere Christusse. Der apokalyptische Christus versteht jedenfalls keinen Spaß, obwohl er sich ab dem fünften Kapitel in ein Lamm verwandelt, *wie geschlachtet, und hatte sieben Hörner und sieben Augen.*

Im visionären Geschehen der Johannes-Apokalypse erscheint das Lamm mit der Narbe des Schächtungsschnittes am Hals als eine Hauptperson. Von Lammfrömmigkeit kann dabei keine Rede sein, denn der *Zorn des Lammes* ist gewaltig. Kaum hat es die ersten vier Siegel der Buchrolle geöffnet, in der das Geschick der Menschheit geschrieben steht, beginnen die Rösser der apokalyptischen Reiter zu traben, und was sie bringen, ist wenig erfreulich. *Und es wurde ihnen die Macht gegeben über den vierten Teil der Erde, zu töten mit Schwert und Hunger und Pest und durch die wilden Tiere der Erde.* Ein ausgedehntes Gespinst von Ressentiments und Rachegedanken hat der Tiefenpsychologe Carl Gustav Jung dem Verfasser der Johannes-Apokalypse attestiert, eine wahre Orgie von Haß, Rache und blinder Zerstörungswut.

Die dreißig oder vierzig Seiten der Johannes-Apokalypse sind bald gelesen. Als Urlaubslektüre sind sie nicht unbedingt zu empfehlen. Aber vielleicht stellen sie eine Meditationshilfe dar. *Und es erschien am Himmel ein großes Zeichen, eine Frau umkleidet mit der Sonne, den Mond unter ihren Füßen und auf ihrem Haupt ein Kranz von zwölf Sternen. Sie ist schwanger und*

Die Visionen auf Pátmos haben als Apokalypse Geschichte gemacht

REISE IN DEN LETZTEN AKT

Von Adolf Holl

Ikone des 16. Jahrhunderts im Pátmos-Kloster:
Johannes sieht in Trance den Menschensohn, von sieben goldenen Leuchtern umgeben

schreit in Wehen und Geburtsqualen. Die Urlauberin erinnert sich an barocke Marienstatuen mit Mondsichel und Sternenkrone, allerdings ohne gewölbten Bauch. Nie ist der Marienmund zum Wehschrei geöffnet. Vor der Aufgabe, die Sonne als Kleidungsstück zu gestalten, haben alle die Marienmaler und Bildhauer ohnedies kapituliert. *Und siehe! Ein großer feuerroter Drache mit sieben Köpfen und zehn Hörnern und auf seinen Köpfen sieben Kronen. Und sein Schwanz fegt ein Drittel der Sterne des Himmels hinweg und wirft sie auf die Erde. Und der Drache steht vor der Frau, die gebären soll, um gleich nach der Geburt ihr Kind zu verschlingen.* Das kann nur der Teufel sein, denkt die Urlauberin, und richtig, einige Zeilen weiter wird der Widersacher, *die alte Schlange die Satan heißt und die ganze Welt verführt,* von Michael und seinen Engeln vom Himmel auf die Erde gestürzt, wo selbst der Drache weiterhin die Sonnenfrau belästigt und Krieg gegen sie führt.

Der Hinweis auf die alte Schlange animiert die Betrachtung, wegen der Assoziation zur bekannten Szene im Paradies. Im Griechischen wird die Schlange maskulin dekliniert; so wirkt die Ineinssetzung Drache-Schlange-Teufel-Satan im Original ganz ungezwungen, weil es sich um lauter männliche Wesen handelt. Ihre Gewalttätigkeit wird durch monströse Körpermerkmale signalisiert. Ein Schwanz, der ein Drittel der Sterne vom Himmel wischen kann, verlangt nach Respekt.

Im dreizehnten Kapitel tauchen weitere Ungeheuer auf, eins aus dem Meer und eins aus der Erde. Letzteres *hatte zwei Hörner, einem Lamme ähnlich, aber es redete wie ein Drache.* Wie aber reden Drachen? Hoffentlich hat die Urlauberin Tolkien gelesen, dann weiß sie, daß Drachen mit leiser und, fast möchte man sagen, kultivierter Stimme zu reden pflegen. Zur Zeit der Abfassung der Johannes-Apokalypse hat offenbar jeder Mensch über die Redegewohnheiten der Drachen Bescheid gewußt, sonst hätte der Verfasser seinen Hinweis wohl näher erläutert.

Mittlerweile ist die Meditation ziemlich wüst geworden, sie gleicht den psychedelischen Schrecknissen auf einem Horrortrip, wie ihn einschlägig Erfahrene ausführlich geschildert haben, beispielsweise Stanislav Grof in seinem Buch „Geburt, Tod und Transzendenz". Grof, ein aus Prag stammender Nervenarzt und Psychotherapeut, der seit 1967 in den Vereinigten Staaten tätig ist, experimentierte zunächst mit LSD bei der Behandlung depressiver Patienten und arbeitete später mit Hyperventilation, der Beschleunigung des Atmens. Dabei erleben die Beteiligten das Trauma ihrer Geburt noch einmal, mitsamt den Ängsten und Beklemmungen, die den Weg ans Licht der Welt begleiten. Grof erwähnt ausdrücklich apokalyptische Visionen in seiner Schilderung des Bildmaterials, das während derartiger Reisen gesichtet wird, und auch Drachen und Riesenschlangen bevölkern die Landschaft. Erst in der letzten Phase des Unternehmens kommt Licht ins Bild, die Farben des Regenbogens leuchten auf, die Räume erweitern sich, alles wird gut.

Und er entrückte mich im Geiste auf einen großen und hohen Berg und zeigte mir die heilige Stadt Jerusalem, die aus dem Himmel von Gott herabstieg, im Besitz der Herrlichkeit Gottes. Ihr Lichtglanz ist gleich einem überaus kostbaren Stein, wie ein Jaspis, leuchtend wie Kristall. Gegen Ende der Johannes-Apokalypse wird die Beleuchtung immer stärker, wie beim befreienden Erlebnis der Wiedergeburt im letzten Akt der Grof-Therapie. Das himmlische Jerusalem im vorletzten Kapitel der Apokalypse besteht aus Gold, Perlen, Edelsteinen und Glas, und es gibt keine Nacht.

Falls meine unbekannte Leserin ein Schamanen-Seminar oder ein anderes Trance-Training mitgemacht hat, wird sie im Verfasser der Johannes-Apokalypse eine verwandte Seele erblicken, einen Menschen mit bewußtseinsverändernden Erfahrungen. In der häufig wiederkehrenden Redewendung *im Geiste* würde die Leserin einen Hinweis auf Formen der Entrücktheit vermuten, die heute als „veränderte Wachbewußtseinszustände" *(altered states of consciousness)* geübt und erforscht werden. Vielleicht ging es in den damaligen Christengemeinden nicht ganz so adrett zu wie bei biederen Pfarrhofjausen. Mit solchen Vermutungen würde meine Leserin keineswegs in die Irre gehen.

Aus den ersten Jahrzehnten der Entstehung des Christentums sind kollektive Visionen und Trancen in der Tat nicht wegzudenken. Verdrehte Augen, Schreie und Flüstern, Heilungsbeten und Wahrsagen gehörten zum Versammlungsgefühl der Jesusvereine in Palästina, Syrien, Kleinasien und Griechenland, wie aus den Briefen des heiligen Paulus hervorgeht. Die Aufgeregtheit dieser Menschen nährte sich aus dem Glauben ans nahe bevorstehende Ende der Welt. *Ja, ich komme bald! Amen! Komm, Herr Jesus!*

Außerdem gab es damals bereits die ersten Nachrichten über christliche Schwestern und Brüder, die wegen ihres Glaubens zu Tode gekommen oder in die Bergwerke geschickt worden waren. Unter dem Kaiser Nero waren römische Christen im Jahr 64 in Tierfelle genäht und wilden Hunden vorgeworfen, andere in leicht brennbares Material eingewickelt und in den kaiserlichen Gärten als lebende Fackeln verbrannt worden, wegen ihrer angeblichen Brandstifterei bei der Feuersbrunst am 18./19. Juli jenes Jahres, die mehrere Stadtviertel Roms vernichtete. In der Johannes-Apokalypse taucht deshalb Nero am Ende des 13. Kapitels als Zahl 666 auf, wenn die Deutung stimmt. Auch Kaiser Domitian (81–96 n. Chr.) erwies sich als Gegner der Christen. *Da sah ich am Fuße des Altares die Seelen derer, die hingeschlachtet worden waren um des Wortes Gottes und des Zeugnisses willen.*

Für die ersten Adressaten der Johannes-Apokalypse ging es um lebensbedrohende Gefahren, und dementsprechend erleichtert werden sie die Kunde vom bevorstehenden Fall der großen Hure Babylon vernommen haben. Gemeint war damit die Hauptstadt des römischen Imperiums, das Zentrum aller Gottlosigkeit. *Und ich sah ein Weib auf einem scharlachroten Tier sitzen. Das Tier war ganz bedeckt von Lästernamen und hatte sieben Köpfe und zehn Hörner. Und das Weib war gehüllt in Purpur und Scharlach und überladen mit Schmuck aus Gold und Edelgestein und Perlen. Es hielt einen Becher in der Hand, ganz voll mit den Abscheulichkeiten und den Greueln ihrer Unzucht. Und ich sah das Weib trunken vom Blut der Heiligen.* Die Heiligen sind die Opfer der Christenverfolgungen, und dementsprechend schlecht ergeht es der Hure Babylon. In einer einzigen Stunde wird die Metropole in Ödland verwandelt, wie und wodurch, wird nicht gesagt. Die Antwort im Himmel ist hingegen überliefert: *Halleluja!*

Rom steht noch immer, denkt meine unbekannte Leserin auf

Pátmos, freut sich und meditiert lieber weiter über die Mutter Erde als über den Weltuntergang. Das Frauenbild der Johannes-Apokalypse schwankt zwischen Sternenkönigin und Hure, den beiden typischen Männerphantasien. Das Göttliche erscheint diesem Johannes immer nur als Feuer oder als funkelnder Stein; in Menschengestalt wirkt es bedrohlich, und selbst als Lamm muß es geschlachtet sein.

Aber da war doch noch etwas, das der Leserin irgendwie bekannt vorkam. *Und die Seelen derer, die um des Zeugnisses Jesu und des Wortes Gottes willen enthauptet worden waren, wurden wieder lebendig und herrschten mit dem Christus tausend Jahre.* Das tausendjährige Reich! Ein Volk, ein Reich, ein Führer. Heil Hitler. Die Leserin erschrickt. Sie hat nicht eine Urlaubslektüre, sondern einen politisch gefährlichen Text in der Hand.

Vom späten Mittelalter an, mit dem großen englischen Bauernaufstand von 1381, gab die apokalyptische Weissagung von Endzeit und Endsieg der bewußtlosen Wut des europäischen Niedervolks Richtung und Inhalt. Jetzt ist die Zeit, rief der Prediger John Ball den erbitterten Massen Englands zu, und er meinte damit den Beginn jener tausend Jahre, die dem Weltende vorangehen sollten, als Drittes Reich ohne Barone und Pfaffen, in Freiheit und Überfluß. Die Rede vom Dritten Reich verdankte sich den Inspirationen des kalabrischen Abtes Joachim von Fiore, der um 1180 herum die Johannes-Apokalypse ausgelegt hatte, in einer bislang unerhörten Weise. Joachim lehrte drei Zeitalter oder Gesellschaftszustände, vom Anfang der Welt bis zu ihrem Ende, und ordnete sie den drei göttlichen Personen zu. Das Reich des Vaters und das Reich des Sohnes seien zu Ende, und der Beginn des Dritten Reiches, dasjenige des Heiligen Geistes, stünde bevor: vom Jahr 1260 an. Zwar verstrich dieser Termin ohne Folgen, aber die Vision einer befriedeten Welt unter einer erhabenen Führergestalt blieb im Volk durchaus lebendig.

Eine bizarre Verwirklichung erlebte der Wunschtraum vom tausendjährigen Reich in der Stadt Münster, vom März 1534 bis zum Juni 1535, als „Neues Jerusalem" und „Königreich Zion" unter den Täufern Jan van Leiden, Jan Matthys und Bernd Knipperdolling, mit Gütergemeinschaft und Vielweiberei. Die eisernen Käfige, in denen die Leichen der hingerichteten Rebellenführer nach der Einnahme der Stadt zur Schau gestellt wurden, hängen immer noch am Turm der Lambertikirche von Münster, zur abschreckenden Warnung für alle unruhigen Geister.

Seit damals gehört das Phantasma vom tausendjährigen Reich ins Repertoire der verschwärmten Frommen und politisierenden Querköpfe. Zwanzigtausend Mormonen marschierten 1700 Kilometer von Illinois nach Utah, in den Jahren 1846 und 1847, um in der großen Wüste am Salzsee das Millenium zu erwarten. In Alfred Rosenbergs „Mythus des 20. Jahrhunderts" (Gesamtauflage zwischen 1930 und 1944: 1,1 Millionen) steht der dritte und letzte Teil unter dem Titel „Das kommende Reich". Rosenberg, Reichsleiter der NSDAP, wollte die Welt aus Träumen neu aufbauen. Seine prophetische Ader verweist ihn in die Ahnengalerie der Apokalyptiker aller Zeiten, denen es noch nie wirklich geschadet hat, wenn ihre Vorhersagen nicht in Erfüllung gingen.

Denn die Wunschmaschinen, von denen Sonnenfrauen und Drachen produziert werden, laufen auch ohne Anschluß ans Netz der Tatsachen weiter. In den Vereinigten Staaten ergab eine Umfrage des National Opinion Research Council der Universität Chicago 1988, daß 29 Prozent der Amerikaner etwelche Visionen erlebten, 42 Prozent in Kontakt mit den Verstorbenen standen, 67 Prozent außersinnliche Wahrnehmungen hatten.

Heil denen, die ihre Kleider waschen, damit ihnen das Anrecht auf den Baum des Lebens zuteil werde und sie durch die Tore eingehen in die Stadt. Draußen bleiben die Hunde, die Zauberer, die Hurenböcke, Mörder und Götzendiener. Und ich, denkt meine unbekannte Leserin. Gottlob gibt es in der Bibel noch einen anderen Johannes, einen freundlicheren. *Wer nicht liebt, bleibt im Tod.* So einen Satz sucht man in der Johannes-Apokalypse vergeblich. *Wer nicht liebt, hat Gott nicht erkannt, denn Gott ist die Liebe.* Zur Erholung empfiehlt sich jetzt die Lektüre des ersten Johannes-Briefs.

Dessen Verfasser gehört in die theologische Schule des Johannes-Evangeliums und ist jedenfalls mit dem Autor der Johannes-Apokalypse nicht zu verwechseln. Der andere Johannes redet seine Leser sehr vertraulich an, als Kinderchen und Geliebte. Ein Antichrist ist bei ihm nicht ein monströses Wesen mit sieben Köpfen und zehn Hörnern, sondern ein Mensch, der nicht an Christus glaubt. Kein Wort von einem *Pfuhl aus Feuer und Schwefel,* in dem der Antichrist schlußendlich gepeinigt wird *Tag und Nacht von Ewigkeit zu Ewigkeit* wie in der Apokalypse.

Sicher, auch der andere Johannes unterscheidet zwischen Gläubigen und Ungläubigen, Christen und Götzenanbetern. Aber er zieht den Trennungsstrich ohne Haß, eher traurig, *denn Gott ist größer als unser Herz.* Amen, sagt meine Leserin halblaut. Der Wein, den sie während der Lektüre des anderen Johannes getrunken hat, verbreitet sich langsam in ihrem Körper. *Agápi mu,* singt eine Stimme aus dem Radio des Gasthauses, in dem sie sich niedergelassen hat. Dann kommt ihr Freund. Agápi heißt Liebe.

Wer die Götter zu deutlich sieht, tut sich mit ihnen schwer. Das ist bereits in der „Ilias" niedergeschrieben, all denen zum Trost, die mit Apokalypsen nichts anfangen können.

ADOLF HOLL, *Jahrgang 1930, Dr. theol., Dr. phil., lebt als freier Autor in Wien und schrieb unter anderem das Buch „Der letzte Christ. Franz von Assisi".*

Im Pátmos-Kloster: der hl. Johannes.
Seine Identität blieb ein Rätsel

Als Festung Gottes wurde im Jahre 1088 das Johannes-Kloster auf Pátmos gegründet, damals eine öde, menschenleere Insel. Der Ort, an dem Johannes die Visionen vom nahen Ende der Welt erlebte, entwickelte sich bald zu einem geistlichen Zentrum im östlichen Mittelmeer. Im Laufe der Zeit bevölkerten auch Händler und Hand-

Karfreitag im Johannes-Kloster auf Pátmos:

Klaus Bötig **DIE TORE ZUM HIMMEL**

Feierliche Ikonenprozession der Mönche

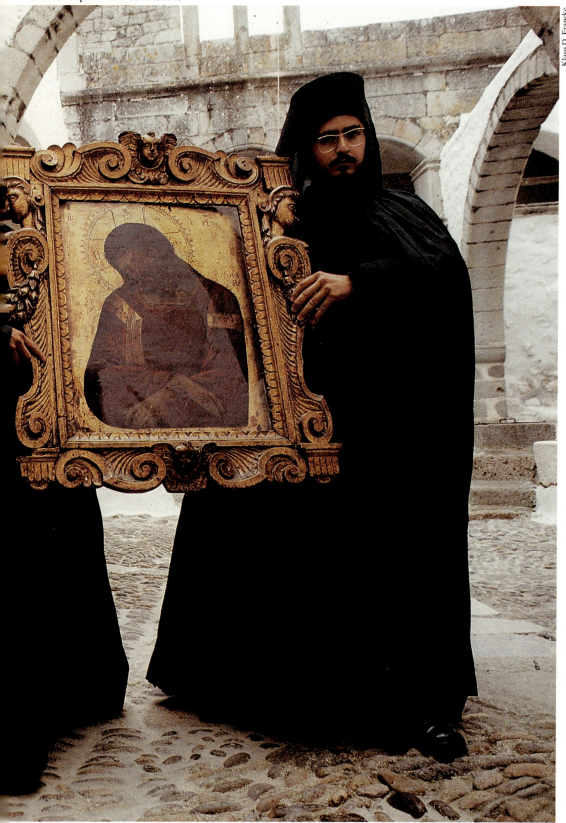

Die Verehrung der Ikonen ist wesentlicher Teil der orthodoxen Gläubigkeit und Liturgie. Sie gilt nicht dem materiellen Bild, sondern dem Urbild und der Idee, die Ikonen mit prächtigem Glanz sinnlich zum Ausdruck bringen

werker die Insel. Die Anlage hoch über der Hafenbucht wuchs mit dem Ansehen der Mönche, ebenso die bis zu 70 Meter hohen Mauern, die gegen Seeräuber und Türken errichtet wurden. Bei Gefahr flüchteten die Inselbewohner in die Klosterburg. Das ist Pátmos, die heilige Insel, noch heute: ein Bollwerk der griechisch-orthodoxen Kirche

Das Refekto
des Pátmos-Klosters is
Fresken geschmück
an biblische Gastmähler
nern: Hier bew

ham drei Fremde,
Wahrheit Boten Gottes
Die feinen Messer
Schweinskopf erzählen
ralter Eßkultur

Noch heute kom
die Mönche unter den Fresken
12. und 13. Jahr
derts im Refektorium zum ge
samen Mahl zusan

ie Christus das Brot
ine Apostel verteilt, ist das
l ein Sinnbild der Ge-
schaft zwischen Gott und
er irdischen Gemeinde

DIE TORE ZUM HIMMEL

Ikonen und Wandmalereien sind Tore zum Himmel. Kirchen und Klöster sind heilige Orte, an denen Vergangenheit, Gegenwart und Zukunft, Himmel, Erde und Hölle miteinander verschmelzen. Bei der Feier des Abendmahls gehen irdische und himmlische Wesen eine mystische Gemeinschaft ein, die nicht von dieser Welt ist. Zeit und Ort bilden keine Schranken mehr, sind aufgehoben. Ikonen und Wandmalereien fördern ebenso wie die liturgischen Gesänge und Geräte, wie Myrrhe und Weihrauch die Vorbereitung auf dieses unerklärliche und unfaßbare Geschehen, das sich ständig neu vollzieht.

Der Gläubige im Kirchenschiff schaut durch die geöffnete Königspforte in der Ikonostase (Bilderwand) auf den Altar, wo sich die mystische Verwandlung von Brot und Wein vollzieht. Dahinter erblickt er in der Apsis wie durch ein Himmelstor einen Ausschnitt aus der Apostelkommunion: das Abendmahl, das täglich aufs neue im Himmel gefeiert wird. Unter einem Baldachin steht der Altar mit Brot und Wein. Engel flankieren ihn als himmlische Diakone. Auf der einen Seite des Altars teilt Christus das Brot an sechs der Apostel aus, auf der anderen Seite den Wein an die übrigen sechs.

Die Erfahrung von der Gemeinschaft der Christen macht der Gläubige vor allem beim Abendmahl. Diese Gemeinschaft erstreckt sich auch auf Verheißungsträger des Alten Testaments, zum Beispiel auf Abraham. Häufig wird nicht nur das Opfer Isaaks dargestellt, sondern auch die Gastfreundschaft Abrahams, die er drei fremden Männern entgegenbringt – ein Hinweis auf die heilige Dreieinigkeit. Die Malerei der Ostkirche kann nur würdigen, wer ihre Funktion versteht. Sie will nicht Kunst sein, sondern lebendige Weltanschauung im Sinn der Antike. Den Gläubigen läßt es unberührt, ob eine Ikone tausend Jahre alt ist oder gerade neu gemalt. Er küßt billige Postkarten mit dem Bild Mariens mit gleicher Inbrunst wie eine wertvolle Ikone. Auf die Idee, Wandmalereien in einer Kirche als Armenbibel für Analphabeten zu interpretieren, konnte man nur im westlichen Europa kommen: Ihr Sinn ist aber gerade nicht Auf- und Erklärung, sondern mystische Verklärung.

Was freilich nicht ausschließt, daß die Malerei der Ostkirche auch offizielle Lehrmeinungen stützt. Gerade sie spiegelt deutlich den Kampf der Hochkirche gegen die Häretiker des ersten Jahrtausends wider. Man betrachte eine Darstellung der Geburt Christi: Der Gottessohn wird als erstes gebadet. Deutlicher kann man nicht zeigen, daß ihn eine Frau auf natürlichem Wege gebar. Wie ihre Base Elisabeth, die Mutter Johannes des Täufers, liegt auch Maria, geschwächt von der Geburt, auf einem Bett. Mit beiden Szenen wird die menschliche Natur Christi belegt. Aber auch auf seine Göttlichkeit gibt es zahlreiche Hinweise: die Anwesenheit der Engel, die drei Weisen aus dem Morgenlande – bei uns ihrer wahren Bedeutung beraubt und zu Königen umstilisiert –, Satan, der den nachdenklich in einer Bildecke sitzenden Joseph in Versuchung führt, an der Vaterschaft des Heiligen Geistes zu zweifeln, und als Geburtsstätte die Höhle, seit alters her Symbol des Todes, so andeutend, daß durch das Jesuskind der Tod besiegt wird.

Um die beiden Naturen Christi geht es auch in der Darstellung der Kreuzigung. Die Körperhaltung zeigt, daß der Mensch Jesus tatsächlich starb, der Gesichtsausdruck jedoch bewahrt – anders als beim westlichen Schmerzensmann – die göttlichen, vom irdischen Ereignis unberührten Züge. Geburt und Kreuzigung sind gemalte Widerlegungen der Irrlehre, die Christus nur die göttliche Natur zusprechen wollte.

Über ein Jahrhundert lang wurde die Malerei selbst als Häresie bekämpft. Im Ikonoklasmos, dem Bilderstreit (726–843), entstanden die Grundlagen für ihren Symbolkanon und ihren Formenspielraum. Die Bilderfreunde versuchten, die von den Gegnern in Frage gestellte Rechtmäßigkeit des Bildschmucks und der -verehrung zu begründen. Die Argumente waren vielfältig. Sie reichten von philosophischen und theologischen Erklärungen bis zu Legenden: Hatte nicht Gottvater mit der Menschwerdung seines Sohnes dem Menschen ein Bild von sich selbst geschenkt? Hatte nicht der malende Evangelist Lukas die ersten Porträts von der Gottesmutter geschaffen? Und hatte nicht Christus selbst Fürst Abgar von Edessa sein Antlitz im Mandilion überlassen, dem Gegenstück zum westlichen „Schweißtuch der Veronika"?

Dieses Tuch wurde später über dem Stadttor des heutigen Urfa in der Osttürkei angebracht. Hier prägte sich Christi Antlitz auf wundersame Weise in einen Ziegelstein ein, das Keramidion. Beide wurden später in die Reichshauptstadt Konstantinopel gebracht, wo sie im Jahre 1204 den räuberischen Venezianern und ihren römisch-katholischen Verbündeten zum Opfer fielen. Ein gemaltes Mandilion und ein gemaltes Keramidion sieht man heute noch in nahezu jeder Kirche, deren Wandmalereien erhalten sind – quasi als Hinweis auf die Berechtigung des Bilderschmucks.

Den schwersten Vorwurf der Bilderfeinde – den der Götzenverehrung – entkräfteten die Anhänger mit neuplatonischen Auslegungen. Demnach ist jede sakrale Darstellung das Abbild eines Urbilds, dem sie zwar in ihrer äußeren Erscheinungsform gleicht, mit dem sie aber nur wesensähnlich, nicht wesensgleich ist. Die Verehrung gilt nicht dem Bild, sondern dem geistigen Wesen des Dargestellten, das durch das Bild zum Ausdruck gebracht wird, so daß beide auf mystische Weise miteinander verschmelzen. Nicht das materielle Bild ist von Bedeutung, sondern die von ihm vermittelte Idee.

Weil es bei der ostkirchlichen Kunst ausschließlich um die Wiedergabe immaterieller Inhalte geht, gelten für sie andere Gesetze als für die westliche Malerei. So ist die Zentralperspektive, von Kunsthistorikern in Europa als große Errungenschaft gepriesen, für den Ikonenmaler unwichtig. Sie anzuwenden, würde sogar der Aufgabenstellung des Malers widersprechen. Sein Kriterium ist die Bedeutungsperspektive, die sich nicht an die irdischen Realitäten von Raum und Zeit hält, sondern geistige Bezüge herstellt.

Nehmen wir zum Beispiel die Ikone Johannes des Täufers aus dem Johanneskloster auf Pátmos: Johannes steht im ärmlichen Gewand als Eremit in der Wüste. Der Heilige Geist umweht ihn, bewegt seinen kunstvoll geschwungenen

Diese Ikone aus dem
Pátmos-Kloster erzählt das Leben des
heiligen Nikolaus. Er war
Bischof in Myra, nicht weit davon auf
dem Festland Kleinasiens

Mantel, der seine geistige Würde zum Ausdruck bringt. Christus segnet ihn, so wie Johannes den Betrachter segnet. In der Linken hält der Verkünder der Endzeit und Wegbereiter (griechisch: *prodromos*) Christi eine Schriftrolle mit dem Vers aus dem Lukasevangelium: „Es ist schon die Axt den Bäumen an die Wurzel gelegt: Welcher Baum nicht gute Frucht bringt, wird abgehauen und in das Feuer geworfen." Unmittelbar unter der Schriftrolle sind Baum und Axt dargestellt.

Die völlig andere Perspektive der orthodoxen Kunst wird noch deutlicher bei der Geburt des Heilands: Christus ist gleichzeitig auf dem Altar liegend und bei den Vorbereitungen zum ersten Bade zu sehen. Die drei Weisen aus dem Morgenland sind oft dreimal dargestellt: wie sie dem Stern folgen, ihre Gaben überreichen und wieder davonreiten. Die Geburtshöhle – statt des Stalls – deutet auf die Überwindung des Todes hin, der Altar statt der Krippe auf das Kreuzesopfer Christi und das Abendmahl.

Ochs und Esel sind keine bäuerlichen Elemente, sondern reine Symbole: Der Ochse steht als Sinnbild für das Heiden-, der Esel für das Judentum. Sie unterstreichen den universellen Herrschaftsanspruch Christi ebenso wie die drei Weisen, die als Sterndeuter und Magier die Unterwerfung der heidnischen, überirdischen Mächte verkünden. Maria trägt als Symbol ihrer Jungfräulichkeit ein zusammenhängendes Kopf- und Schultertuch, das bis zu den Knien herabreicht. Die Spica, eine Art Brosche auf der Stirn und unterhalb der Schultern, versinnbildlicht den hellsten Fixstern im Sternbild der Jungfrau.

Bei derartiger Komplexität bleibt dem Maler wenig Freiheit für individuelle Kompositionen. Aber was westliche Kunstkritiker der byzantinisch geprägten Malerei lange Zeit als Mangel vorwarfen, ist in Wahrheit ihre Stärke: Sie ist nicht verweltlicht wie die eines Michelangelo oder Raffael. Auch ihre Flächenhaftigkeit ist nicht als künstlerisches Defizit zu werten, sondern Absicht: Weil das sichtbare Bild keine irdische, sondern himmlische Realität und keine körperliche, sondern wesenhafte Wirklichkeit darstellen soll, ist die Räumlichkeit nicht gefragt.

Doch blieben fremde Einflüsse auf den Maler nicht ganz aus. So gibt es zu fast allen Zeiten kleine Abweichungen vom Kanon, die meist schlicht und einfach auf mangelnde Kenntnisse des Künstlers zurückzuführen sind. Hinzu kommt, daß auch Sakralmalerei fast immer Auftragsarbeit ist, die den Geschmack des Geldgebers – meist geistliche Herren – nicht außer acht lassen kann. Ihre ungebrochene Stärke beweist die ostkirchliche Malerei jedoch in der ständigen Rückkehr zum Kanon, bis in die heutige Zeit. So zum Beispiel bei den modernen Wandmalereien der Evangelismóskirche zu Rhodos und der Kirchen von Pigádia auf Kárpathos.

Man nennt die Perspektive der byzantinischen Malerei auch eine episch-informative. Das scheint für Viten-Ikonen wie die des heiligen Nikolaus besonders zuzutreffen: Die zwölf um das Brustbild des Heiligen herum angeordneten Szenen aus seinem Leben erzählen von seiner Geburt, seinem Leben und seinen Wundertaten. Aber auch hier geht es im Grunde nicht um den genauen Lebenslauf, sondern um die Gesamtschau des Wesens dieses Heiligen, das sich für den Betrachter aus den Mosaiksteinen seiner Taten zusammensetzt.

Der Betrachter orthodoxer Malerei mag sich fragen, worauf all die Darstellungen beruhen, die in unseren Kirchen so gänzlich unbekannt sind. Das Alte und das Neue Testament sind nur eine Quelle, Heiligenlegenden eine andere. Geschöpft wird auch aus jahrhundertealten

Aufbau der Bilderwand zwischen Allerheiligstem und Kirchenschiff

liturgischen Gesängen und aus apokryphen Schriften des frühen Christentums, die in den großen Kirchen nicht offiziell anerkannt werden und deren Gedanken und Glaubensinhalte bei uns längst vergessen sind.

Auch die Anordnung der Malereien im Kirchenraum wird nicht dem Zufall überlassen, sondern theologisch begründet. Das Bildprogramm ist hierarchisch gegliedert und orientiert an zwei Achsen: der senkrechten von der Kuppel bis zum Boden sowie der horizontalen von der Apsis bis zur Vorhalle. Besonders deutlich wird diese Gliederung im Idealtypus des Kreuzkuppelbaus, der klassisch-byzantinischen Kirche schlechthin: Die Kuppel repräsentiert die himmlische Sphäre; von diesem – höchstgelegenen – Punkt blickt Christus als Allesbeherrscher, als Pantokrator, herab. Unter ihm erscheinen Engel und Propheten. In den sphärischen Dreiecken leiten die vier Evangelisten über in die irdische Welt, wo die Ereignisse des Alten und Neuen Testaments stattfanden. Die Evangelisten sind ihre Vermittler.

Die wichtigsten neutestamentarischen Themen sind im Gewölbe oder in den oberen Bildfeldern der Seitenwände zu finden. Der darunter verbleibende Raum ist dann den Heiligen und Märtyrern vorbehalten. Auf der räumlich und hierarchisch niedrigsten Ebene des Kirchenschiffs steht die irdische Gemeinde. Die horizontale hierarchische Gliederung wird in der Apsis hinter dem Altar deutlich. Hier nimmt die Gottesmutter mit dem Kind den würdigsten Platz, die Halbkuppel, ein. Darunter sind die Apostel und die Kirchenväter dargestellt, die, wie bereits gesagt, die Gemeinsamkeit der himmlischen und der irdischen Gemeinde im wichtigsten Ereignis des Christenlebens betonen, der Teilhabe an Fleisch und Blut Christi.

In Museen und privaten Sammlungen sind diese Ikonen oder Fresken fehl am Platz. Nur in Kirchen und Klöstern wie im Johanneskloster auf Pátmos, aber auch in jedem Dorfkirchlein erfährt man ihre wahre Bedeutung – am besten durch Teilnahme am Gottesdienst. Er gibt ihnen ihren Sinn.

KLAUS BÖTIG, *Jahrgang 1948, ist freier Journalist und lebt in Bremen. Griechenland gilt sein besonderes Interesse.*

A Abendmahl. B Vorhang mit Christus als Hohepriester. C D Verkündigungsengel vor Maria. E F G H Die vier Evangelisten. I Schöne Pforte (Königspforte). II, III Nord- und Südtür. IV, V Christus zwischen Maria und Johannes dem Täufer. 1 Christusikone. 2 Marienikone. 3 Ikone Johannes des Täufers. 4 Ikone des Kirchenheiligen. a–n Ikonen der hohen Festtage

Eine Fahrt in die Vergangenheit eines schönen, fernen Landes mit seinen Mythen, Bräuchen, Geschichten und Schicksalen, eine Reise in die Erinnerung, nicht um die Zeit zurückzuholen, sondern um sie zu bewahren. Der neue große Ostpreußenroman von Arno Surminski.

HOFFMANN UND CAMPE

352 Seiten, gebunden

WIE WO WAS

VORSORGE

EINREISE Für Bürger der Bundesrepublik Deutschland, Österreichs und der Schweiz genügt der Personalausweis. Reist man mit dem Reisepaß ein, darf dieser keinen Stempel der Türkischen Republik Nord-Zypern tragen. Für Kinder unter 16 Jahren ist ein Kinderausweis mit Lichtbild neuen Datums oder ein Eintrag im Paß der Eltern erforderlich.

KLEIDUNG Zwischen Mai und September genügt leichte Sommerkleidung. Für die Abende leistet eine leichte Jacke jedoch gute Dienste. Im April und Oktober sollten Sommer- und Übergangskleidung sowie ein leichter Regenschutz mitgebracht werden. Zwischen November und März benötigt man auch einige warme Kleidungsstücke und einen guten Regenschutz. Jackett, Krawatte und Abendkleid kann man getrost zu Hause lassen. Nur in einigen wenigen Luxus- und Erster-Klasse-Hotels auf Rhodos und Kós kann man sie gelegentlich tragen. Vorgeschrieben sind Krawatte und Jakkett nur für einen Besuch im Spielcasino von Rhodos. Beim Besuch von Klöstern und Kirchen ist es Pflicht, Schultern und Knie bedeckt zu halten. Zu einigen Klöstern haben Frauen und Mädchen auch in langen Hosen keinen Zutritt; Leihröcke stehen dort jedoch meist zur Verfügung. Beim Bummel durch selten von Touristen besuchte Dörfer und Inselstädtchen wirken Shorts und bloße männliche Oberkörper genauso lächerlich wie in heimischen Breiten. Oben ohne zu baden ist in Griechenland inzwischen üblich und wird von den meisten Griechen akzeptiert. FKK hingegen ist auf dem Dodekanes verboten.

KINDER Mit Kindern zu reisen ist auf dem Dodekanes kein Problem. Zwar gibt es in den Hotels und Tavernen nur selten spezielle Kindermöbel oder Speisenangebote, doch für Kinder wird gern improvisiert. Sie sind auch abends in Tavernen und Hotelhallen geduldet, wenn sie nicht zu sehr stören.
Auf allen Inseln außer den allerkleinsten sind Wegwerfwindeln und Babynahrung in Gläsern erhältlich. Nur frische Milch bekommt man fast nirgends; man muß auf H-Milch oder sehr süße Dosenmilch zurückgreifen. Vorsorge treffen sollte man für eventuell auftretende Krankheiten. Griechische Kinderärzte verordnen bei jeder noch so harmlosen Infektion gern gleich Antibiotika. Wer damit nicht einverstanden ist, sollte sich Medikamente von zu Hause mitbringen. Ermäßigungen für Kinder bis zu 14 Jahren werden auf alle Verkehrsmittel (Flugzeug aber nur bis 12 Jahre) und Eintrittskarten gewährt. Für ein Zustellbett im Hotelzimmer wird ein Zuschlag von 20 Prozent auf den Übernachtungspreis erhoben.

GESUNDHEIT Impfungen sind nicht vorgeschrieben. Die medizinische Versorgung auf Rhodos, Kálimnos und Kós ist mangelhaft, auf den anderen Inseln schlichtweg ungenügend. Auf den kleineren Inseln gibt es in der Regel nur einen einzigen Arzt, der im Bedarfsfall nicht immer sofort aufzufinden ist. Einheimische wenden sich bei schweren Erkrankungen an Ärzte und Krankenhäuser in Athen; Urlauber sollten in ernsten Fällen besser nach Hause fliegen.
Der Abschluß einer Auslandskrankenversicherung mit Rückholschutz ist daher unbedingt zu empfehlen. Eine solche Versicherung erspart einem aber auch bei leichteren Erkrankungen und Unfällen Unannehmlichkeiten: Zwar besteht zwischen Griechenland und der Bundesrepublik Deutschland ein Sozialversicherungsabkommen, doch muß der Auslandskrankenschein der deutschen Krankenkassen zunächst bei der griechischen Krankenkasse IKA gegen einen Berechtigungsschein eingetauscht werden, mit dem dann wiederum auch nur einige wenige Vertragsärzte aufgesucht werden können. Apotheken gibt es auf den größeren Inseln sehr zahlreich. Sie sind meist täglich außer sonntags von 8–14 und von 17–20 Uhr geöffnet; Informationen über Nacht- und Sonntagsdienst sind an allen Apotheken ausgehängt. In kleineren Dörfern und auf kleinen Inseln gibt der Dorf- oder Inselarzt Medikamente aus.

SPRACHE Eine verbindliche lateinische Umschrift griechischer Wörter gibt es leider nicht. Für einen Blitzkurs ist die Sprache wohl auch zu schwierig. Wie so oft hilft Englisch meist weiter, aufgrund der Besatzungszeit aber auch Italienisch. Ganz wichtig für die Bedeutung eines Wortes ist die Betonung, die immer da liegt, wo der Akzent gesetzt wird. Zum Angewöhnen: *kaliméra* – guten Tag; *kalispéra* – guten Abend; *efcharistó* – danke.

VORSORGE	107
UNTERWEGS	108
ÜBER NACHT	110
ESSEN UND TRINKEN	112
ARCHÄOLOGIE	114
EXTRATOUREN	116
DER GUTE TIP	122
KLIMA	122
BÜCHER	123
AUF EINEN BLICK	
WIRTSCHAFT	124
POLITIK	125
RELIGION	126
PANORAMA	130
MERIAN-KARTE	131

UNTERWEGS

ZU WASSER, ZU LANDE UND DURCH DIE LUFT

FLUGZEUG Rhodos, Kárpathos und Kós besitzen Flughäfen, auf denen Jets landen können. Olympic Airways fliegt alle drei Inseln von Athen aus, Rhodos zusätzlich von Thessaloniki und Iráklion/Kreta aus an. Diese Inseln werden auch von Chartermaschinen aus Mitteleuropa angesteuert. Direkte Linienflüge zwischen Mitteleuropa und dem Dodekanes gibt es nicht.

Die Flugplätze auf Kássos, Kárpathos, Kastellórizo und Léros werden mit Propellermaschinen der Olympic Airways bedient: Kárpathos von Kássos, Rhodos und Sitía/Kreta aus; Kássos von Kárpathos, Rhodos und Sitía/Kreta aus; Léros von Athen und Kós aus; Kastellórizo von Rhodos aus. Eine zusätzliche Verbindung mit Propellermaschinen besteht zwischen Rhodos und Kós. Auf Astipálea und Kalímnos sind Flugplätze im Entstehen.

Länger als 55 Minuten dauert kein Inlandflug; die Preise sind niedrig. So kostet ein Ticket Athen–Rhodos ca. 55 DM.

Auskünfte, Informationen, Buchungen für die innergriechischen Flugverbindungen erhält man in allen IATA-Reisebüros oder direkt bei der Fluggesellschaft **Olympic Airways**, Hamburger Allee 2–10, 6000 Frankfurt 1, Tel. (069) 79 50 9 45.

AUTOFÄHREN Sie verbinden Piräus mit den meisten Inseln des Dodekanes. Es gibt zwei Standardrouten: Über Pátmos, Léros, Kálimnos und Kós nach Rhodos (im Winter drei-, im Sommer achtmal wöchentlich); Fahrzeit 16–22 Stunden, Fahrpreis ca. 47 DM, mit Kabine ab 64 DM; über Kreta, Kássos, Kárpathos und Chálki nach Rhodos (im Winter zwei-, im Sommer dreimal wöchentlich); Fahrzeit ca. 24 Stunden, Fahrpreis 60–80 DM. Einmal wöchentlich gibt es auch eine Non-Stop-Verbindung zwischen Piräus und Rhodos, ein- bis zweimal wöchentlich eine Verbindung von Piräus über Astipálea, Kalímnos, Kós, Rhodos. Mindestens zweimal wöchentlich kann man Kastellórizo von Rhodos aus per Schiff erreichen (ca. 6 Stunden, kostenlos!), im Sommer auch einmal wöchentlich ab Piräus.

Ob Jet, Propellermaschine, Fähre oder Linienschiff: der Reisende hat die Wahl. Und nach Kastellórizo fährt man gar umsonst

SCHIFFE Mindestens zweimal wöchentlich kommt man per Linienschiff von Rhodos, Kálimnos und Kós aus nach Níssiros, Sími und Tílos, mindestens einmal wöchentlich auch nach Agathoníssi, Arkí und Lipsí. Psérimos ist täglich von Kós und Kálimnos, Télendos mehrmals täglich nur von Kálimnos aus zu erreichen.

Darüber hinaus gibt es vor allem im Sommerhalbjahr auch noch eine Reihe lokaler Verbindungen mit kleineren Schiffen oder Kaïkis: z. B. täglich zwischen Kálimnos und Léros und zwischen Kamíros Skála auf Rhodos und Chálki; mehrmals wöchentlich zwischen Pátmos und Lipsí und zwischen Léros, Arkí und Agathoníssi. Hauptsächlich für Tagesausflügler bestimmt sind die nur im Sommerhalbjahr verkehrenden Tragflügelboote, die je nach Bedarf zwischen Rhodos, Sími, Chálki, Tílos, Níssiros, Kós, Léros und Pátmos unterwegs sind. Für die Fahrt von Kós nach Rhodos benötigen sie nur 2 Stunden, die Rückfahrkarte kostet rund 65 DM. Vollständige Informationen über alle Schiffsverbindungen bekommt man jeweils nur im Abfahrtshafen (wo vorhanden in der Tourist-Information und in Reisebüros, sonst bei der Hafenpolizei). Die Verkehrsverhältnisse sind von Insel zu Insel unterschiedlich. Die Mitnahme des eigenen Wagens lohnt höchstens für Rhodos und nur dann, wenn man viel unterwegs sein will. Ansonsten kommt man mit Leihfahrzeugen oder Linienbussen preisgünstiger voran.

BUSSE Linienbusse verkehren nur auf Rhodos, Kós, Sími, Astipálea, Kálimnos, Kárpathos, Kássos, Léros und Pátmos. Hier sind die Fahrpläne auf den jeweiligen Hauptort der Insel ausgerichtet. Querverbindungen gibt es nicht. Auf Rhodos sind die Dörfer im Süden der Insel mit dem Bus meist nur nachmittags zu erreichen; der Bus fährt dann erst am nächsten Morgen in die Stadt zurück.

Auf Kárpathos gibt es keine Busverbindung zwischen dem Westen der Insel und Ólympos/Diáfani. Auskunft über die Fahrpläne erhält man bei den örtlichen Touristeninformationen oder an den Busbahnhöfen. Fahrkarten löst man im Bus; nur für die innerstädtischen Busse in Rhodos muß man sie vorab am Kiosk kaufen. Haltestellen sind durch ein Schild mit der Aufschrift ΣΤΑΣΙΣ gekennzeichnet.

FLUGHAFENBUSSE Busse von Olympic Airways verkehren auf Rhodos, auf Kós und auf Kárpathos zwischen der jeweiligen Inselhauptstadt und dem Flugha-

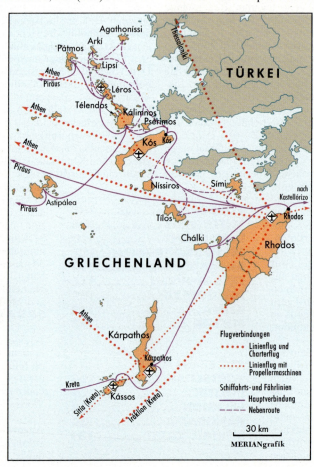

Die Autofähre im Hafen von Rhodos gehört zur Standardroute. Sie fährt auch nonstop nach Piräus

fen zu jedem Abflugtermin und zu jeder Ankunft einer Maschine dieser Gesellschaft.

TAXIS Taxis fahren auf allen Inseln, auf denen es mehr als eine Ortschaft gibt. In den Städten haben sie ein Taxameter. Dorftaxis und Taxis auf den kleineren Inseln heißen Agoraion (A ORAION); hier wird der Fahrpreis nach festen Tarifen berechnet, die im Wagen eingesehen werden können. Das Taxifahren ist preiswert und kostet innerhalb der Städte und bei Rundfahrten etwa 0,30 DM/km, sonst etwa 0,55 DM/km. Bei Fahrten auf besonders schlechten Straßen wie zwischen Pigádia und Ólympos auf Kárpathos verlangen die Fahrer Zuschläge.

MIETWAGEN Mietwagen gibt es auf Rhodos und Kós in großer Zahl. Auf diesen beiden Inseln sind auch die großen internationalen Vermieter AVIS, Budget, Hertz und inter-Rent/Europcar mit eigenen Stationen vertreten. Auch auf Kálimnos, Kárpathos, Sími und Léros können Autos gemietet werden. Für einen Wagen der untersten Kategorie zahlt man pro Tag inklusive aller Kilometer und Steuern zwischen Juli und September etwa 75 DM, sonst etwa 60 DM. Auf Kárpathos sind die Wagen wegen der schlechten Straßen um ca. 50 Prozent teurer. Auf Rhodos und Kós kann man außerhalb der Hauptsaison Rabatte aushandeln, wenn man seinen Wagen nicht über die Reiseleitung oder das Hotel bucht.

MIT DEM RAD Auf allen Inseln außer Agathoníssi, Arkí, Chálki, Kássos, Kastellórizo, Psérimos und Télendos kann man Mopeds, Motorroller und Motorräder ausleihen. Der Kfz-Führerschein genügt. Die Krafträder sind oft in schlechtem Zustand; Unerfahrenheit der Urlauber und der Straßenzustand führen oft zu Unfällen. Auf Kárpathos sind Enduros (geländegängige Motorräder) sehr beliebt. Mopeds bekommt man bereits ab 15 DM/Tag. Auf Kós ist das Fahrrad ein geeignetes Fortbewegungsmittel. Sie werden überall in der Stadt und nahe den Hotels verliehen. Aber Vorsicht! Häufig haben sie keine Rücktrittbremse. Fahrräder bekommt man bereits ab 6 DM/Tag.

GELD Griechische Währungseinheit ist die Drachme. Derzeitiger Kurs in Griechenland: 1 DM = 85 Drs, in der Bundesrepublik Deutschland: 1 DM = 78 Drs. Der Wechselkurs ist in Griechenland in jedem Fall günstiger. Im Umlauf sind Banknoten zu 5000, 1000, 500, 100 und 50 Drs. sowie Münzen zu 1 Dr., 2, 5, 10, 20 und 50 Drs. Die Einfuhr ist auf 100000 Drs., die Ausfuhr dagegen auf 20000 Drs. begrenzt. Euroschecks und Reiseschecks werden von allen Banken und Postämtern angenommen. Höchstgrenze pro Euroscheck: 25000 Drs. Abhebungen vom Postsparbuch sind in Griechenland nicht möglich.

Banken und/oder Postämter gibt es auf allen größeren Inseln des Dodekanes, nicht aber auf Agathoníssi, Arkí, Psérimos und Télendos. Dort kann man Geld zu etwas ungünstigerem Kurs in Tavernen und auch privat wechseln. Die Banken haben montags bis donnerstags von 8–14 und freitags von 8–13.30 Uhr geöffnet, die Postämter in der Regel von 7–14.20 Uhr. Auf Rhodos und auf Kós sind einige Banken und behelfsmäßige Post-Container in den Sommermonaten auch am späten Nachmittag zum Geldwechsel geöffnet.

Internationale Kreditkarten werden von vielen Hotels, Restaurants, Geschäften, Reisebüros und Autovermietungen akzeptiert. Bargeldauszahlungen auf Kreditkarte sind für Eurocard und Visa bei den Filialen der National Bank, für Diners bei denen der Commercial Bank möglich.

TELEFON Post und Telefon sind in Griechenland getrennt. Für Telefonate und Telegramme ist die Telegrafengesellschaft OTE zuständig. Sie unterhält in allen größeren Orten eigene Büros. In kleineren Dörfern steht das öffentliche Telefon (mit offiziellem Tarif) in einem *kafeníon*, in einem Laden oder in einem Kiosk. Telefonzellen sind nur für Ortsgespräche zu empfehlen.

Die Vorwahl für Griechenland ist 0030. Vorwahlen aus Griechenland: Bundesrepublik Deutschland 0049, Österreich 0043, Schweiz 0041.

AUSKÜNFTE
Griechische Fremdenverkehrszentrale (EOT)
Abteistraße 33
2000 Hamburg 13
Tel. (040) 454498

Neue Mainzer Straße 22
6000 Frankfurt 1
Tel. (069) 236561-63

Pacellistraße 2
8000 München 2
Tel. (089) 222035

Opernring 8, Postfach 330
A-1015 Wien
Tel. (0222) 525317

Löwenstr. 25
CH-8001 Zürich
Tel. (01) 2210105

Odós Makaríou 5
Rhodos-Stadt
Tel. (0241) 23655

Ákti Koundourióti 7
Kós-Stadt
Tel. (0242) 28724

Alle Angaben: Stand Sommer 1989

ÜBER NACHT

DIE WIRTE STEHEN SCHON AM KAI

Fremdenbetten gibt es auf allen bewohnten Inseln des Dodekanes. Selbst in kleinen Dörfern, in denen es weder ein offizielles registriertes Hotel noch eine offiziell registrierte Pension gibt, werden auf Anfrage fast immer Privatzimmer vermietet. Der richtige Ort, sich danach zu erkundigen, ist das *kafeníon*. Viele Dörfer besitzen auch ein der Kirche oder der Gemeinde gehörendes „Xennas" – ein oft ausgesprochen einfaches Gästehaus mit Mehrbettzimmern. Außerdem kann man auf Rhodos und Sími auch in manchen Klöstern übernachten. Jugendherbergen gibt es auf den Inseln des Dodekanes nicht. Die griechischen Hotels sind den Kategorien Luxus, A, B, C, D und E zugeordnet. In Hotels der letzten beiden Kategorien fehlen den Zimmern häufig eigene Naßzellen. Generell kann man sagen, daß nach internationalen Maßstäben Häuser der A-Kategorie nur gehobene Mittelklassehotels, Häuser der B- und C-Kategorie häufig nur Häuser der unteren Mittelklasse sind.

Auch die Pensionen und Privatzimmer sind kategorisiert (in A, B und C). Die Preise der Beherbergungsbetriebe müssen jährlich von der Griechischen Zentrale für Fremdenverkehr genehmigt werden. Sie dürfen dann weder über- noch unterschritten werden. Außerhalb der Hauptsaison (meist Juli bis Ende September oder Mitte Oktober) lassen viele Besitzer von Pensionen und Privatzimmern jedoch mit sich handeln. Sie empfangen die Touristen mit einladenden, sich überbietenden Angeboten oft schon am Fähranleger.

Da die Preise von Haus zu Haus und je nach Jahreszeit variieren, können nur Richtpreise angeführt werden (Stand Hochsommer 1989). Sie beziehen sich auf ein Doppelzimmer mit Dusche/WC (E-Kategorie: ohne Du/WC) pro Tag ohne Frühstück:

Luxus: 80–190 DM; A: 80–160 DM; B: 60–100 DM; C: 40–90 DM; D: 25–55 DM; E: 18–30 DM. In der Vor- und Nachsaison werden die Preise in den Häusern der ersten beiden Kategorien bis zu 50 Prozent, sonst bis zu 30 Prozent reduziert.

Die Preise der Pensionen entsprechen ungefähr denen der nächstniedrigeren Hotelkategorie. Private Doppelzimmer kosten in der Hochsaison etwa 20–35 DM. Für Inselspringer empfiehlt sich insbesondere in der Hauptsaison und bei nächtlicher Ankunft eine telefonische Reservierung am Morgen des Ankunftstags.

Camping
Campingplätze gibt es südlich von Faliráki und bei Lárdos auf Rhodos auf Astipálea, Kós und Léros. Die auf Rhodos sind von April, die anderen von Mai an geöffnet. Alle Campingplätze schließen im Oktober. Höheren Ansprüchen genügen nur die auf Rhodos, die beide auch über einen Pool verfügen. Wild zu campieren ist verboten, wird jedoch an abgelegenen Stränden meist geduldet.

Ferienhäuser
Ferienhäuser kann man auf vielen Inseln mieten. Die Vermittlung erfolgt meist durch örtliche Reisebüros. Ein kleinerer deutscher Ferienhaus-Spezialist hat sich auf Pátmos spezialisiert:
Jassu-Reisen
Obere Wilhelmstr. 31
5300 Bonn 3
Tel. (0228) 469304
Einen kleinen englischsprachigen Katalog über Ferienhäuser auf Sími verschickt
Symaïki SA/G. Kalodoucas
GR 85600 Sími
Tel. (0030) 241-71877

Wer in Kastellórizo im Megísti wohnt, dem entgeht kein Schiff, das ein- oder ausläuft

RHODOS
Rhodos-Stadt
Andreas Rooms to let
Odós Omiróu 28 D
Tel. (0241) 34156
Kat. A
Privatzimmer in ruhigem Haus; Blick über die Altstadt aufs Meer
Astir Palace
Ákti Miaóuli
Tel. (0241) 26284-89
Kat. Luxus
Spielcasino im Haus
Kastro
Platía Ariónos 14
Tel. (0241) 20446
Kat. E
Kleines Hotel gegenüber dem Türkischen Bad

Faliráki
Esperos Palace
Tel. (0241) 85751-54
Kat. A
Strandhotel mit Swimmingpools und ein Kinderplanschbecken gibt es auch

Líndos
Steps of Líndos
Vliha
Tel. (0244) 42211
Kat. A
Rund 6 km vor Líndos in einer Bucht liegt eines der wenigen architektonisch gelungenen Großhotels

ASTIPÁLEA
Paradissos
Skála
Tel. (0242) 61224 und 61256
Kat. D
Einfaches Hotel mit Meerblick

CHÁLKI
Emboriós
Captain's House
Tel. (0241) 57201
Kat. A
Vier Privatzimmer, davon drei mit DU/WC

KÁLIMNOS
Kálimnos-Stadt
Themelina
Odós Th. Kolokotroni
Tel. (0243) 22682
Kat. C
Hotel in alter Villa am Ortsrand; schöner Garten mit Palmen

Mirtiés
Zephyros
Tel. (0243) 45700
Kat. C
Strandhotel am Ortsrand

KÁRPATHOS
Pigádia
Porfyris
Tel. (0245) 22294
Kat. C
Älteres einfaches Mittelklassehotel am Strand; Meerblick

KÁSSOS
Frí
Anagenissis
Tel. (0245) 41201
Kat. C
Einfaches Hotel im Ortskern nahe Hafen; einige Zimmer haben Meerblick

KASTELLÓRIZO
Megísti
Megísti
Tel. (0241) 29072
Kat. B
Ruhig an der Hafenausfahrt gelegen, große Terrasse

KÓS
Kardámena
Norida Beach
Ákti Kardámena
Tel. (0242) 91231-32
Kat. A
Strandhotel an 4 km langem Kiesstrand; Meerwasserpool und Kinderplanschbecken; Fahrradverleih

Kós-Stadt
Acropole
Odós Panagi Isaldari 4
Tel. (0242) 22244
Kat. C
Einfaches Hotel in alter Villa; Hafennähe; Zimmer ohne Dusche/WC

Astron
Ákti Koundouriotou
Tel. (0242) 23704-07
Kat. B
Direkt am Hafen; Strandnähe

LÉROS
Álinda
Álinda
Tel. (0247) 23266
Kat. C
An der Uferstraße gelegen; frühchristliches Bodenmosaik im Garten

LIPSÍ
Lipsí
Kalypso
Tel. (0247) 41242
Kat. D
Einziges Hotel der Insel, an der alten Hafenmole gelegen

NÍSSIROS
Mandráki
Porfyris
Tel. (0242) 31376
Kat. B
Im Grünen gelegen; Ortsnähe; Meerwasserpool

PÁTMOS
Gríkos
Xenia
Tel. (0427) 31219
Kat. B
Kleines Strandhotel, 4 km von Skála entfernt

Skála
Skála
Tel. (0427) 31343-44
Kat. B
Sehr schöner Garten

TÍLOS
Livádia
Irini
Tel. (0241) 53293
Kat. C
Am Ortsrand gelegen, nur wenige Schritte zum Strand

SÍMI
Sími
Aliki
Tel. (0241) 71665
Kat. A
Alte Villa mit schönem Dachgarten; an der Hafenausfahrt

Dorian
Tel. (0241) 71181
Kat. A
Die Villa liegt direkt hinter dem Aliki

Das Frühstück im Aliki auf Sími beginnt mit einem Panoramablick

Von Gaumenkitzel und Augenweide.

Das Auge ißt mit! Es erfreut sich nicht nur an liebevoll garnierten Delikatessen, sondern ebenso am Interieur. Etwa an einer klaren Linienführung, wie man sie von Art-deco-Möbeln kennt und wie sie von hülsta im Systemprogramm classic-art-dc wieder aufgegriffen wurden: Sitzmöbel voll funktionaler Ästhetik, nach Form und Farbe exakt abgestimmt auf Vitrinen-, Side- und Highboards. Fordern Sie zum Kennenlernen unseren Farbkatalog an. Oder gehen Sie zum hülsta-Fachhändler.

Der Maßanzug für Ihre m².

------------------- ✂

COUPON:

MR 99-33

Bitte schicken Sie mir Gratiskataloge zum hülsta-Speisezimmerprogramm.

NAME _____

STRASSE _____

PLZ, ORT _____

Einsenden an: hülsta-werke, Postfach 1212, D-4424 Stadtlohn, Tel. 02563/8 62 73.

ESSEN UND TRINKEN

DIE KÜCHE IST WAHRLICH KEIN RUHMESBLATT

Die griechische Küche ist rustikal und ohne Finessen. Von einer Eßkultur kann in Griechenland nicht die Rede sein: Man ißt, um satt zu werden. Weiße Tischdecken, Kerzenlicht oder gar feste Menüs und neues Besteck für jeden einzelnen Gang haben erst im Zuge des Massentourismus Einzug gehalten. Restaurants, die das bieten, findet man nur in den Urlauberzentren auf Rhodos und Kós.

Die griechische Küche ist aber keineswegs langweilig. Es gibt eine Vielzahl von Fleisch- und Gemüsegerichten, Aufläufen und, speziell im Winterhalbjahr, auch Suppen. Einige häufig angebotene Spezialitäten sind:

Dolmádes – mit Reis und Hackfleisch gefüllte Weinblätter; *Jemistés* – mit Reis und meist auch Hackfleisch gefüllte Tomaten und Paprika; *Mussaká* – Auflauf aus Auberginen, Zucchini oder Kartoffeln und Hackfleisch; *Pastítsjo* – Auflauf aus Makkaroni und Hackfleisch; *Stifádo* – Rindergulasch mit Zwiebelgemüse in einer mehr oder minder gut gewürzten Soße. Von Urlaubern auch als leichte Hauptmahlzeit am Mittag geschätzt wird der *Koriátiki Saláta*, der Bauernsalat. Außer Tomaten, Gurken und Zwiebeln gehört der Schafskäse *Fétta* dazu.

Für ein Mittag- oder Abendessen mit einem Tellergericht und Salat zahlt man je nach Restaurantkategorie etwa 8–15 Mark. Fisch gibt es in vielen Restaurants. Weil die Ägäis aber nicht mehr sehr ergiebig ist, sind die Preise hoch. Von der Zubereitung darf man sich nicht zuviel versprechen. Fast immer wird der Fisch gegrillt; ein Koch beweist schon Kreativität, wenn er eine Öl-Zitronen-Soße dazu serviert. Meist wird der Fisch nach Gewicht verkauft; Fisch guter Qualität kostet 40–60 Mark pro Kilogramm. Languste ist kaum unter 80 Mark pro Kilogramm zu haben. In jedem griechischen Speiselokal muß eine Karte aushängen und auf den Tischen liegen. Meist ist sie zweisprachig: Englisch und Griechisch. Die Preise werden staatlich kontrolliert. Auf den Speisekarten hat jedes Angebot zwei Preise. Zuerst wird der Nettopreis genannt, dann der inklusive Steuern und Bedienungsgeld. Erhältlich sind immer die Gerichte und Getränke, hinter denen auch die Preise genannt sind.

Die Griechen haben das Frühstück nicht erfunden. Sie begnügen sich mit Kaffee und einem Zwieback. Entsprechend karg fällt das Frühstück in den einfacheren Hotels aus. Nur in ausgesprochenen Touristenhotels gibt es inzwischen ein Büfett mit Wurst und Käse. Wer eine Unterkunft ohne Frühstück gebucht hat, kann auf allen Inseln ein besseres Frühstück mit Eiern und Joghurt finden: in Restaurants, Tavernen und *kafenía*.

LOKALTYPEN *Kafenía* (Einzahl: *kafeníon*) findet man in jedem noch so kleinen Dorf. Sie sind die Treffpunkte der einheimischen Männerwelt. Gegen die Anwesenheit ausländi-

---

RHODOS
Rhodos-Stadt
Diafáni
Platía Arionós
(beim Türkischen Bad)
Kat. C
Einfache Taverne, deutschsprechender Inhaber
Kontiki
Mandráki-Hafen
Kat. A
Restaurant auf dem Wasser
Manolis Dinoris
Platía Moussíon
Kat. D
Preiswertes Fischrestaurant

Émbonas
An der Hauptkirche
Chasapotaverna Baki
Kat. C
Urige Taverne, in der man das Fleisch selbst aussucht

Ixiá
Cyrus Taverna
Küstenstraße
Zypriotische Spezialitäten; besonders zu empfehlen das *mezé*

Líndos
Mavríkos
Platía

KÁLIMNOS
Mirtiés
Stalas
Am Bootsanleger
Kat. D.
Frische Fischgerichte

Vathí
Snak-Bar To Limani
Am Hafen
Einfache, gute Taverne

KÁRPATHOS
Pigádia
Kali Kardia
Kat. C
Fischtaverne am Meer
Le Rendezvous
Am Hafen
Kat. B
Ausgezeichnete Pizza, aber auch griechische Spezialitäten

KÓS
Kós-Stadt
Amatolia Haman
Odós Nissirou (Altstadt)
Kat. D; nur abends geöffnet
Einfaches, originelles Restaurant im Garten eines alten türkischen Bades; nur Grillgerichte
I Orea Kos
Odós El. Venizelou
Kat. C; nur abends geöffnet
Ouzeri mit interessanten kleinen Gerichten
Limnos
Am Hafen
Kat. C
Große Auswahl, gutes *stifado*
Platanos
Kat. A
Plätze im Freien direkt neben der Platane des Hippokrates

LÉROS
Krithóni
Esperithes
An der Uferstraße
Kat. C
Stimmungsvolles Restaurant in alter Villa mit üppigem Garten

Lakkí
O Sostos
Am Hauptplatz
Kat. C
Preiswertes Restaurant mit Spezialitäten, die man sonst selten bekommt; Retsina vom Faß

NÍSSIROS
Mandráki
Special
Kat. C
Terrasse mit schönem Ausblick

PÁTMOS
Chóra
Patmian House
(Der Ausschilderung zum Simandíri-House folgen)
Kat. A
Restaurant in stilvoll restauriertem Kapitänshaus
Vangelis
Platía Agía Levia
Kat. C
Echt griechische Taverne am stimmungsvollsten Platz des Dorfes

Frisch und appetitlich: Bei Mavríkos an der Platía in Líndos ißt auch das Auge mit

Spezialitäten der Terrassenlokale an der Bucht von Pigádia sind Sardellen und Seepapageien

scher Frauen hat man jedoch nichts einzuwenden. Die *kafenía* sind von frühmorgens bis spätabends geöffnet. Ursprünglich wurden im *kafeníon* nur Kaffee, Spirituosen, Erfrischungsgetränke und Bier serviert; jetzt erhält man hier oft schon außer einem Frühstück auch einen Salat; Wein wird hier aber nicht ausgeschenkt. *Kafenía* sind einfach und preiswert. Für eine Tasse griechischen Kaffees zahlt man weniger als eine Mark. Tavernen und Restaurants (*estiatória*) lassen sich nicht mehr unterscheiden. Meist sind Tavernen etwas einfacher und ursprünglicher eingerichtet. In beiden bekommt man Speisen aller Art und Wein – in Tavernen oft noch vom Faß. Sie sind offiziell in Kategorien eingeteilt: von Luxus bis D.
Daneben gibt es eine Vielzahl anderer Lokale, deren Name zugleich etwas über das Angebot aussagt. Für den Urlauber wohl am wichtigsten sind die *ouzerí*, in der zu Ouzo, Bier oder Wein kleine Salate und Gerichte gereicht werden, sowie das *sácharoplastíon*, ein Café gehobenen Niveaus mit einer zumeist großen Auswahl an Kuchen und Torten.
Fast alle Lokale in Griechenland sind durchgehend von morgens oder zumindest mittags bis spätabends geöffnet.

GETRÄNKE Das griechische Nationalgetränk ist klares, gut gekühltes Leitungswasser (*neró*). Man kann es überall bedenkenlos trinken. Der Grieche erhält es unaufgefordert und kostenlos zu jedem Kaffee, jedem Kuchen, jedem Essen, manchmal sogar zu Bier oder Limonade. Da Urlauber das kostbare Naß meistens unberührt zurückgehen ließen, wird es oft nur noch auf Aufforderung gebracht.
Wein gedeiht auf nahezu allen Inseln und ist überall erhältlich. Die meisten Weine sind trocken. Wein vom Faß wird nur noch selten angeboten. Der berühmte Retsina, ein mit dem Harz der Aleppokiefer versetzter Weißwein, ist besonders preiswert, stammt jedoch meist vom attischen Festland. Bier, in Lizenz ausländischer Firmen gebraut, gibt es in Dosen, Flaschen und gelegentlich auch vom Faß. Die bekanntesten Spirituosen sind Ouzo, ein mit Anis versetzter klarer Schnaps, und Brandy. Der bei uns so bekannte Metaxa ist nur eine Marke unter vielen. Auf Rhodos werden auch mehrere sehr süße Obstliköre hergestellt.
Mineralwasser (*metallikó neró*) wird leider nur in umweltbelastenden Plastikflaschen verkauft. Sehr beliebt ist vor allem im Sommer kalter Pulverkaffee, in Griechenland *frappé* genannt. Warmer Pulverkaffee läuft allgemein unter der Bezeichnung *nes*. Filterkaffee gibt es nur gelegentlich in den Touristenzentren. Die meisten Griechen bevorzugen den griechischen Kaffee (*ellinikó kaffé*), der dem türkischen Mokka entspricht. Kaffeepulver, Wasser und auf Wunsch auch Zucker werden dabei gemeinsam aufgekocht. Milch gehört nie dazu. Den Süßegrad muß man schon bei der Bestellung aufgeben: *skéto* (ohne Zucker), *métrio* (mittelsüß) oder *glikó* (sehr süß).

Klaus Bötig

Der Autor, freier Journalist aus Bremen, hält sich jedes Jahr drei bis vier Monate in der Ägäis auf.

ARCHÄOLOGIE

AUF ANTIKEN SPUREN

Die interessantesten archäologischen Plätze und Anlagen aus der heidnischen Antike findet man auf Rhodos und Kós. Auch auf Kastellórizo und Níssiros stehen noch Baudenkmäler aus jener Zeit. Die üblichen Öffnungszeiten sind: täglich außer montags 8.30–15 Uhr. Wo keine Angaben zur Öffnungszeit gemacht werden, sind die antiken Überreste tagsüber jederzeit kostenlos zugänglich.

RHODOS

AKROPOLIS VON LÍNDOS Auf einem felsigen Kap hoch über dem Meer sind Relikte aus der heidnischen Antike und aus der Zeit der Ordensritter ineinander verwoben. Schon die nichtgriechischen Ureinwohner von Líndos verehrten auf dem höchsten Punkt ihres Berges eine weibliche Gottheit. Zur Zeit der Griechen entwickelte sich daraus dann der Kult der Athena Lindia, die bald im ganzen östlichen Mittelmeerraum verehrt wurde. Wo ursprünglich nur ein heiliger Hain war, entstand im 6. Jahrhundert v. Chr. eine größere Tempelanlage mit einer Treppe, die auf den Berg führte. Um 408 v. Chr. wurde auf der oberen Terrasse eine Nachbildung der Athener Propyläen gebaut. Die Anlage fiel 342 einem Brand zum Opfer, entstand aber neu an alter Stelle. Den zu einem kleinen Teil restaurierten Tempel der Athena Lindia auf dem höchsten Punkt des Gipfels, direkt am Steilhang zum Meer, erreicht man heute von den Propyläen des 3. Jahrhunderts über eine mächtige Freitreppe. Obwohl von den Bauten kaum etwas geblieben ist, beeindruckt den Besucher die Geschlossenheit der Anlage inmitten einer mediterranen Landschaft.

Von besonderem Interesse ist auch ein Felsrelief am Eingang zur Akropolis, das das Heck eines lindischen Schiffes aus dem 2. Jahrhundert v. Chr. zeigt. Es erinnert an die Brückenfunktion des Dodekanes und den Reichtum der Inselstädte, der auf dem Seehandel beruhte.

Die gesamte Anlage aus heidnischer Zeit liegt inmitten einer Festung, die die Johanniter errichteten. Die gotische Burgkirche und das Haus der Kommandantur sind längst verfallen. Spärliche Überreste aus vorchristlicher Zeit sind noch am Südwesthang des Burgberges zu finden: 27 Sitzstufen eines antiken Theaters, das einstmals 1800 Zuschauern Platz bot. Und am Nordosthang der Akropolis wurden die Fundamente eines Heiligtums aus dem 9./10. Jahrhundert entdeckt, wo der Göttin Athena blutige Rinderopfer dargebracht wurden, mit denen das Hauptheiligtum nicht befleckt werden sollte.
Standardöffnungszeiten, Eintritt 400 Drs.

AKROPOLIS VON RHODOS-STADT Auf dem Monte Smith über der Westküste von Rhodos-Stadt – nach einem Wachtturm des englischen Admirals Smith von 1802 benannt – liegt in einem weitläufigen Areal die antike obere Akropolis der Stadt, die untere lag in der Gegend des Großmeisterpalastes. Die italienischen Archäologen während der Besatzungszeit haben hier zuviel der Restaurierung getan: Nur wenige Bauelemente stammen wirklich aus dem 2. Jh. v. Chr. Trotzdem: Für den Besucher entsteht ein anschauliches Bild, wie es hier oben in jener Zeit ungefähr ausgesehen haben könnte. Man findet ein Theater für 800 Zuschauer, in dem wohl auch die Lehrer der berühmten antiken Rhetorikschule aufgetreten sind; ein Stadion und Teile eines Helios- oder Apollon-Tempels sowie geringfügige Reste eines ehemals großen Tempels für Zeus und Athena, in dem die Staatsverträge aufbewahrt wurden, sowie eines Gymnasions, in dem in der Antike berühmte rhodische Plastiken aufgestellt wurden, haben sich erhalten.
Standardöffnungszeiten, Eintritt frei.

IALYSÓS Die antike Stadt, wesentlich älter als Rhodos, lag zu Füßen des Filérimos-Berges. Von ihr ist nichts mehr zu sehen. Am Berghang begruben die Mykener (1400 bis 1000 v. Chr.) ihre Toten und gaben ihnen Schmuck und Tongefäße mit ins Grab. Die Beigaben der Gräber aus dem 8. und 5. Jahrhundert, die im Flachland vor der Küste entdeckt wurden, kann man im Archäologischen Museum von Rhodos besichtigen. Auf dem Gipfelplateau des Berges steht ein von den Italienern phantasievoll nach alten Plänen erbautes römisch-katholisches Kloster. Auf dessen Areal sind spärliche Reste eines Tempels der Athena Polias aus dem 3./2. Jh. erhalten, der noch größer war als der Athena-Tempel in Líndos. Im 6. Jh. wurde er mit einer Basilika überbaut, deren Baptisterium sich erhalten hat. Wenige Meter unterhalb des Hügelplateaus steigt man 140 Stufen zu einem gut renovierten dorischen Brunnenhaus (4. Jh. v. Chr.) hinab. Das kühle Wasser und das erfrischende Grün laden zum Verweilen ein.
Standardöffnungszeiten, Eintritt 200 Drs.

Die Akropolis von Líndos, bevor die heidnischen Tempel den Christen zum Opfer fielen

---

Museen

Die wichtigsten Museen des Dodekanes befinden sich in Rhodos-Stadt und Kós.
Öffnungszeiten
Wenn nicht anders angegeben tgl. 8.30–15 Uhr, Mo geschl. Am 1. 1., 25. 3. Karfreitag, Ostersonntag und am 25. 12. sind alle Museen geschlossen. Kinder, Schüler über 14 Jahre und Studenten zahlen den halben Preis.

Rhodos
Archäologisches Museum
Hospital der Ordensritter
Die Funde stammen meist von der Insel und reichen vom 9. Jh. v. Chr. bis in die Ordensritterzeit.
Großmeisterpalast
Vor allem interessant wegen der hellenistischen Mosaike (3./2. Jh. v. Chr.), die von Kós herübergebracht wurden.
Museum für dekorative Volkskunst
Platía Argiroukástrou
Möbel, Schmuck, Keramik aus der Zeit nach der türkischen Eroberung.
Städtische Kunstgalerie
Platía Sími
Tgl. 7.30–14.30, Mi auch 17–20 Uhr
Malerei des 20. Jh., u. a. Werke des berühmten naiven Malers Theophilos.

Kós
Archäologisches Museum
Platía Elefterías
Ein römisches Mosaik zeigt Hippokrates, der den Heilgott Asklepios empfängt. Statue des Hippokrates (3./2. Jh.), wahrscheinlich Kopie einer klassischen Statue.

Pátmos
Museum im Kloster
Einzigartige Sammlung von Ikonen, Elfenbeinarbeiten, liturgischem Gerät und Gewändern. Die älteste Handschrift enthält Auszüge aus dem Markus-Evangelium (6. Jh.).
Tgl. 8.45–15, So 9.30–14.30 Uhr

Weitere kleine Museen
Das Simandíri-Haus auf *Pátmos* am Ortsrand von *Chóra* (altes Kapitänshaus); das Folklore-Museum in *Sími*; das Folklore-Museum in *Álinda* auf *Léros*; das Archäologische Museum in *Kalímnos*Stadt*; das Museum auf Kastellórizo in *Megísti*. Einige Fundstücke werden auch in *Frí* auf *Kássos* gezeigt. Die wechselnden Öffnungszeiten bitte vor Ort erfragen. Das Archäologische Museum in Pigádia auf Kárpathos ist bis auf weiteres geschlossen.

114 MERIAN

Aphrodite, gerade 2000 Jahre alt, steht heute im Hospital der Ordensritter

KAMÍROS Die freigelegten Überreste der kleinsten der antiken rhodischen Städte sind die am besten erhaltenen der Insel. In herrlicher Lage nahe dem Meer bietet sich dem Betrachter ein gut konserviertes Muster hellenistischer Stadtarchitektur mit Straßen und Gassen, Häusern und Plätzen. Am unteren Stadtrand lag die Agora mit Tempeln, Altären und öffentlichen Bädern. Im 3. Jahrhundert n. Chr. wurde die Stadt aufgegeben. Die Akropolis stand im Süden auf einer 120 Meter hohen Plattform. Am nördlichen Rand schloß eine über 200 Meter lange Säulenhalle das Stadtbild ab. Tgl. außer Mo 8.30–17.00 Uhr.

KÓS

Die Ausgrabungen aus griechisch-römischer Zeit liegen mitten in der Stadt und sind zu Fuß erreichbar.
AGORA Das weitläufige Ausgrabungsgelände südöstlich vom Hafen wirkt wie ein archäologischer Park, der ganz und gar ins heutige Leben einbezogen ist. Die meisten Grundmauern stammen von öffentlichen Gebäuden wie dem Tempel des Herakles und dem der Aphrodite, einer 150 Meter langen Stoa und einer frühchristlichen Basilika. Heute wächst Gras zwischen den Mauerresten und Säulenstümpfen. Am Rande der Agora steht neben einer Moschee die angeblich schon über 2000 Jahre alte „Platane des Hippokrates". Von der Platane ist es nur ein kurzer Weg über eine Brücke zur gut erhaltenen Burg der Johanniter.
ASKLIPION Das Heiligtum des Äskulap liegt inmitten einer wasserreichen, üppig grünen Umgebung 5 Kilometer außerhalb der Stadt am Fuße des Díkeos-Gebirges. Auf den drei Terrassen der antiken Anlage, die durch breite Freitreppen miteinander verbunden sind, liegen die von italienischen Archäologen eindrucksvoll restaurierten Reste mehrerer Tempel und Säulenhallen, römischer Thermen und anderer Bauten. Standardöffnungszeiten, Eintritt 300 Drs.
CASA ROMANA Die im Jahre 1934 rekonstruierte Villa in der Stadt Kós zeigt anschaulich, wie wohlhabende Römer vor 2000 Jahren lebten. Fußbodenmosaike und Wandmalereien sind gut erhalten, die Außenwände wurden völlig neu errichtet. Im Ruinenfeld außerhalb des Hauses haben sich steinerne Badewannen erhalten und Vorrichtungen zum Heizen der Thermen. Standardöffnungszeiten, Eintritt 200 Drs.
GYMNASION Das weitläufige Ruinenfeld an der Odós Grigóriou E' zeigt einen guten Querschnitt durch die römische Stadt. Gut erhalten ist eine gepflasterte Straße. Es gibt Mosaikböden und Wandmalereien, die Reste von Thermen und einer Latrinenanlage sowie die Säulenhalle eines Gymnasions aus hellenistischer Zeit, die bei heißem oder schlechtem Wetter von den Sportlern benutzt wurde.
ODEON Musiktheater aus römischer Zeit (2. Jh. n. Chr.), zwischen Gymnasion und Casa Romana gelegen. Der Bau war ursprünglich überdacht. Die Statuen, die hier gefunden wurden, sind im Museum von Kós zu sehen. Die gesamte antike Stadt wurde um 366 v. Chr. erbaut und 554 n. Chr. durch ein Erdbeben zerstört.
Ruinen frühchristlicher Basiliken gibt es auf Kárpathos, Kós Kálimnos zu sehen. Zeugnisse der ritterlichen Baukunst haben sich außer auf Rhodos vornehmlich auf Kós, Kastellórizo, Astipálea, Kálimnos und Léros erhalten.

Römische Fußbodenmosaike der Insel Kós wurden fachgerecht nach Rhodos in den Großmeisterpalast versetzt

EXTRATOUREN

SEGELN: WENN DER MELTEMI WEHT

Kaló taxidi rufen unsere griechischen Freunde vom Kai, gute Reise! Froh, der Enge im Hafen Mandráki zu entkommen, wo Yachten in Dreierpäckchen parken, steuern wir „Snuff IV" an Hirsch und Hirschkuh, den Wahrzeichen von Rhodos, vorbei, mitten hinein in die Freiheit der Ägäis. Unser Ziel: die Türkei. Unter Segeln pflügen wir das Wasser. Die Schoten knarren, Wellen plätschern gegen den Bootsrumpf. Stark weht er heute nicht, der *Meltemi*. Hoffentlich legt er gegen Nachmittag etwas zu, damit wir die Höhe halten können und nicht kreuzen müssen. Kreuzen bedeutet nämlich doppelten Ärger und dreifache Zeit. Alte Seglerweisheit.

Karaburun, schwarze Nase, tauften die Türken in ihrer bildhaften Namensgebung das Kap, das wir gerade umrunden. Ob sie heute wohl kommen, die Delphine? Da, etwas Weißes unter dem Bug, ein kurzes Quietschen voraus. Ganz plötzlich sind sie da und spielen um unser Schiff. Mindestens sieben Stück. Paarweise schießen sie hoch, springen einen eleganten Bogen, sausen kopfüber zurück in die Tiefe. Delphine sollen Glück bringen und gutes Wetter. Jedenfalls kommt der Wind jetzt aus der richtigen Richtung. Unsere Lieblingsinsel Sími liegt wie ein angenagter Kuchen zur Linken, die Schwammtaucherbucht Bozburun an Steuerbord. Bald ankern wir vor dem kleinen Ferienort Datça, der bei Landtouristen sehr beliebt ist und in dessen Hafen sich besonders viele Flotillensegler ein Stelldichein geben.

Milde Brise kräuselt das Wasser am nächsten Morgen. Pünktlich um 11 Uhr erhebt sich der Meltemi. Dieser Sommerwind fegt die Hitze weg und peitscht das Meer auf, das bald über und über mit weißen Schaumkronen bedeckt ist. Eine sechsköpfige Bayerncrew animiert uns zum Wettsegeln nach Knidos. Heute sind Kreuzen und Reffen das rechte. „Snuffi" fliegt nur so dahin. Mancher Brecher verschafft uns eine unfreiwillige Dusche. Langsam verschwindet die Insel Tílos im Süden, dann schiebt sich der stumpfe Vulkankegel Níssiros ins Bild, dahinter ein Stück von Kós. Antike Molen schimmern unter Wasser. Schon im Altertum suchten Kauffahrteischiffe Schutz hinter dem mächtigen Vorgebirge, wenn es draußen zu sehr stürmte. Knidos lag nämlich genau an der Hauptroute des Seehandels. Auch heutzutage ist der Platz bei den Yachties sehr beliebt wegen der Mischung aus Tempel, Theater und Tavernen. Eben läuft die „Small World" ein, eine 22-Meter-Motoryacht. Ihr dickbäuchiger Koch ersteht einen acht Kilogramm schweren Zackenbarsch bei den Fischern – ein Prachtexemplar. Weißlivrierte Stewards beginnen fieberhaft, an Deck die Tische zu decken. Wir essen in einer der vier Kneipen, deren Wände ein Graffito von besonderer Anziehungskraft schmückt: *Fresh Lobster*. Mehmed, der Wirt, nimmt gleich am Landungssteg unsere Bestellung auf, geht einmal kurz in die Knie, taucht eine Hand ins Wasser und fängt eine zappelnde Languste heraus. Ein Wunder? Mehmed grinst. Er hat dort sein Frischhaltebecken. Zwei junge Männer sind mit ihren Instrumenten gekommen. Der eine zupft die *Saz*, der andere schlägt die *Dümbelek*, die türkischen Gäste singen mit. Einer fängt zu tanzen an, und schon halten wir uns an den Händen, bewegen uns im Rhythmus der Musik.

Am nächsten Tag weht der Meltemi beinahe achterlich und beschert uns Spinnakerwetter; wir lassen die bunte Wundertüte hochsteigen und halb zieht es uns, halb schiebt es uns, mit einer für ein Segelboot unglaublichen Geschwindigkeit, in den grünen, von Bergen umschlungenen Golf von Kós hinein, vorbei an Inseln und versteckten Buchten, die mit zum Schönsten gehören, was die Ägäis zu bieten hat. Wir stürzen uns ins türkisblaue Wasser und würzen unser Badevergnügen mit einem Streifzug zu den Ruinen eines hellenistischen Theaters, das unter knorrigen Ölbäumen die Zeit verträumt. Über Bodrum und seinen Hafen wacht die Kreuzritterburg St. Peter. In den engen Gassen sitzen Sandalenmacher, es gibt Jeans nach Maß, filigranen Silberschmuck, alte Teppiche. Yachties, Künstler und solche, die es sein wollen, Weltenbummler und abenteuerlustige Damen beiderlei Geschlechts wirbeln durcheinander. Mittendrin eine Bäuerin mit Kopftuch und bunt schillernden Pluderhosen, die ungerührt eine Herde Fettschwanzschafe über die palmengesäumte Uferpromenade treibt. Doch der Freitagsmarkt stiehlt allem die Schau. Die Bauern karren herbei, was Felder und Scheune hergeben. Gewürze stehen säckeweise herum, die Wohlgerüche Asiens und Arabiens hüllen uns ein. Wir feilschen und probieren, bekommen ein Gläschen Tee angeboten. Schade, daß wir weitermüssen. *Andrea Horn*

Rhodos/Mandráki

Segelyachten ohne Skipper
Von 33 bis 55 Fuß, zugelassen, je nach Schiffslänge, für 5–12 Personen, Preise jeweils für 14 Tage pro Schiff, April bis Ende Juli, September bis 15. Oktober:

33 Fuß	4200 DM
47 Fuß	11 600 DM
55 Fuß	15 000 DM

August:

33 Fuß	5200 DM
47 Fuß	13 600 DM
55 Fuß	15 900 DM

Segelyachten mit Skipper
Die Anzahl der verfügbaren Kojen verringert sich. Der Charterpreis erhöht sich um die Kosten für den Skipper, nämlich 150 DM pro Tag plus Verpflegung. Bucht man den Skipper für mehr als eine Woche, wird der Preis billiger.

Luxus-Charter mit Skipper und Hosteß
Je nach Rahmen von 150 DM pro Person und Tag aufwärts bis 300 DM und mehr, plus Bordkasse für Verpflegung, Diesel, Wasser, Behördenformalitäten. Es werden Fahrten in die Türkei gemacht, z. B. nach Knidos, Bodrum, Golf von Kós.

Einschlägige Charterfirmen

Charterhanse Hamburg
Frau Ruth Müller
Waldhang 2, Ehestorf
2107 Rosengarten
Tel. 040/796 76 51

Argos
Lilienweg 53
6200 Wiesbaden
Tel. 0 61 21/26 13 58

Austro Yachting
Klostergasse 15
A-2340 Mödling
Tel. 0 22 36/8 55 10

Alcor Yachting S. A.
3–5 Rue du Conseil Général
CH-1205 Genève
Tel. 022/29 80 32

ICC, eya-Sailtours GmbH
Kaiser-Ludwig-Str. 17
8022 Grünwald
Tel. 089/6 41 59 17

Behörden

Wer von Rhodos in die Türkei segeln will, klariert bei Zoll, Paßpolizei und Hafenmeister aus. Im ersten türkischen Port of Entry klariert er ein, indem er ein Transitlog kauft, das für jede türkische Behörde einen Durchschlag enthält, s. Handbücher.

WANDERN: WO DIE ZISTROSEN BLÜHEN

Eigentlich bin ich von Rhodos nach Sími herübergekommen, um endlich einmal zu Fuß vom Inselhauptort quer über die Insel zum Kloster Panormítis zu wandern, das ich sonst immer mit dem Schiff angesteuert habe. Ein junger Ladeninhaber sagt mir, ich würde den Weg wohl in 90 Minuten bewältigen, doch ein älterer Kellner im Restaurant nebenan widerspricht ihm sogleich: fünf Stunden brauchte ich mindestens. Er will sein Urteil von einem Fischer bestätigen lassen, der gerade am Ufer seine Netze flickt. Der ist kompromißbereit und prophezeit mir eine dreieinhalbstündige Wanderung. Wie soll ein Grieche von heute auch wissen, wie lange man zwischen zwei Orten zu Fuß unterwegs ist, die durch eine Straße miteinander verbunden sind? So verrückt, freiwillig auf Motorkraft zu verzichten, können nur Ausländer sein – ein Grieche weiß den Fortschritt zu schätzen. Und so verfallen die alten Fußwege, werden die Hirtenpfade überwuchert. Als mich George, der zweite Bürgermeister, dann auch noch warnt, die Straße habe auf viele Kilometer exakt den Fußweg ersetzt, gebe ich meinen Plan endgültig auf, zumal es schon Mitte Juni ist und damit viel zu heiß für lange Fußmärsche. Statt dessen starte ich am nächsten Morgen in aller Frühe zu zwei anderen, näher gelegenen Klöstern.

Die Wanderung beginnt an der Platía vor dem Rathaus von Sími. Sie führt mich durch eine Oleanderallee rechts oberhalb am Hotel Grace vorbei. Im Schatten eines Baumes ist eine Ziegenfamilie angebunden, aus dem Ort klingen Hahnen- und Eselsschrei. Die „Papadiamantis", das Arbeitspferd unter den Fährschiffen des Dodekanes, wirft gerade Anker, während ich das letzte Haus des Städtchens hinter mir lasse.

Ziegenglocken und Schafsblöken untermalen meine Schritte, während unter mir das Hafenbecken von Sími und die Vielzahl seiner rotgedeckten Ziegeldächer immer tiefer entschwinden. Hoch vor mir künden blendend weiße Mauern und ein kleiner Glockenturm schon vom Kloster des heiligen Fanúrios, meinem ersten Ziel. Ich genieße den Duft von Salbei und Thymian, streiche mit meinen Händen durch das Meer der klebrigen, schon im Mai verblühten Zistrosen. Früher einmal hat man das Harz, das die Blätter absondern, mit Lederrechen oder Ziegenbärten gesammelt, um daraus Ladanum zu gewinnen, einen teuren Räucherstoff, der, in den Händen gehalten, auch gegen Seuchen schützen sollte. Als ich am kleinen, längst nicht mehr bewohnten Kloster ankomme, erwartet mich eine Überraschung. Es wird gerade ein Gottesdienst zu Ehren aller Heiligen und der Geburt Johannes des Täufers gefeiert. Die alten Frauen, die draußen auf dem Kirchhof stehen, kaufen mir eine Kerze und fordern mich auf, zu ihnen zu kommen. Kurz darauf treten der Priester und die Kirchenbesucher – ebenfalls ausschließlich ältere Frauen – heraus, segnen das Brot, das auf einem wackligen Tischlein steht, und nehmen zwei Ikonen in die Hände, die mit bunten Tüchern geschmückt sind. Eine der Alten läutet jetzt pausenlos die Kirchenglocken, die in Bäumen auf dem Klosterhof hängen, während die kleine Gemeinde dem Priester und den Ikonen zu einer Kirchenumrundung folgt. Man bedeutet mir, mitzugehen, und ich schließe mich der Prozession an. Ich bin auch ein willkommener Gast, als sich die Frauen und der Priester an einer langen Tafel im Klosterhof niederlassen, um Sesamringe in den süßen Milchkaffee einzutunken, Schafskäse, das gesegnete Brot und viele andere selbstgemachte Köstlichkeiten zu genießen. Der Priester und seine Festgemeinde tauschen noch immer lachend und scherzend Rezepte aus, als ich mich verabschiede und auf einem breiten Feldweg weitergehe.

Tief unten ist das grüne Tal von Pédi zu sehen, in dem man so gut einen Hotelurlaub abseits des Massentourismus verbringen kann. An der ersten Weggabelung biege ich rechts ab und komme in ein Hochtal, dessen strategischen Wert auch das griechische Militär erkannt hat, das hier vor den vermeintlich feindlichen türkischen Blicken geschützt liegt und binnen weniger Minuten an den Geschützen wäre, die nur schlecht getarnt auf die Türkei gerichtet sind. Mitten im Tal steht das Kloster Roukouniótes mit einem kreisrunden Tanzplatz, der ganz im Schatten eines uralten Baumes liegt. Der Klosterhof wird fast vollständig von einer Doppelkirche ausgefüllt. Die beiden Kirchenräume liegen nicht – wie meist üblich – nebeneinander, sondern übereinander. Eine Frau öffnet mir erst die Oberkirche, wo es sehr gut erhaltene rustikale Wandmalereien zu sehen gibt, und dann die Unterkirche, in der man die mittelalterlichen Farben kaum noch erkennen kann. Schließlich lädt sie mich auf einen Kaffee oder Ouzo in ihre Wohnung ein, ein einziges Zimmer, das Küche, Wohn- und Schlafraum zugleich ist. Durchs geöffnete Fenster fällt mein Blick auf ein grünes Tal, das Meer und die Berge der kleinasiatischen Küste, auch auf andere kleine Klöster unter- und oberhalb von Roukouniótes. Da klingelt das Telefon. Meine Gastgeberin streckt den Arm schon nach dem Hörer aus, wartet aber, bis es dreimal geläutet hat. Niemand soll glauben, daß sie nichts anderes zu tun hätte, als in ihrer Einsamkeit auf einen Anruf zu warten. Als sie endlich den Hörer aufnimmt, ist der Anrufer falsch verbunden...

Ich gehe den gleichen Weg zurück zum Hafen. Um halb acht bin ich losgegangen, jetzt ist es elf. Am Kloster des heiligen Fanúrios ist kein Mensch mehr, die Kirche aber bleibt unverschlossen. Als ich um halb zwölf völlig verschwitzt in einen Tavernenstuhl am Ufer sinke, laufen gerade die ersten Ausflugsschiffe aus Rhodos ein. *Klaus Bötig*

Wer in die Berge geht, läßt das Hafenbecken von Sími tief unter sich

EXTRATOUREN

KLÖSTER: WARUM KEIN FEGEFEUER BRENNT

Zikaden geben mir ein Konzert, schwach begleitet vom Wind, der kaum die Zypressenzweige zu bewegen vermag. Die Glocke, die in einem der Bäume hängt, bleibt still. Ich sitze allein auf einer Steinbank vor einem der vielen Steintische, die den schattigen Platz vor dem Thomas-Kirchlein unterhalb von Mesanagros wie ein Gartenlokal nach Feierabend wirken lassen. Doch der Hackklotz eines Schlachters, gemauerte Grillplätze, eine abgeschaltete Eistruhe in einem Kiosk und der runde Tanzplatz vor der Kirche erinnern daran, was sich in diesem Wäldchen jedes Jahr am Wochenende nach Ostern abspielt: Dann singen, trinken und tanzen hier die Leute aus Messanagrós und den Nachbardörfern, schlachten 40 bis 50 Zicklein und grillen sie über der offenen Holzkohlenglut. Sie feiern den Besuch der Marienikone aus dem Kloster Skiádi, die für ein paar Stunden zu einem festlichen und fröhlichen Besuch beim heiligen Thomas weilt.

Die Kirche, einst Zentrum eines Klosters, ist unverschlossen. Kein Lichtlein brennt, die alten Wandmalereien sind gerade noch zu erkennen. Ich finde einen kurzen, unverbrauchten Docht, zwänge ihn in einen kleinen Blechring, der auf einem mit Wasser und Olivenöl gefüllten Glas schwimmt und zünde ihn an – so, wie ich es am Morgen vom alten Arnesti in der Klosterkirche von Thári gelernt habe. Ich bin mit dem Jeep in die Wälder und Berge im Süden der Insel aufgebrochen, um das andere Rhodos, seine Kirchen, Ikonen und Wandmalereien zu erleben. Es wird auch eine Reise zu den anderen Rhodiern.

Arnesti, der im Bergdorf Láerma in meinen Wagen steigt, um mir die vollständig ausgemalte Erzengel-Kirche des längst von den Mönchen verlassenen Thári-Klosters aufzuschließen, ist typisch für die Entwicklung, die das Inselvolk vom Bauern, Hirten und Fischer zum Kellner, Hotelier und Souvenirverkäufer durchgemacht hat. Als wir in Thári ankommen, steht dort schon ein anderes Auto, ein drittes fährt gerade langsam vorbei. Arnesti gerät in helle Aufregung, eilt den Fahrzeu-

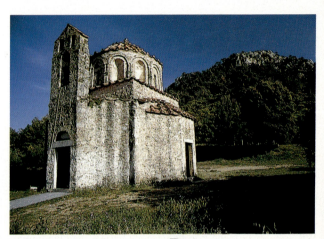

gen entgegen, zeigt Fremdsprachenkenntnisse, ruft „Komm, komm", und „Come, come". Sein Ziel ist klar: mehr Besucher bedeuten mehr Trinkgeld für ihn. Und er wird jedem, der es hören will, weitergeben, was er in den letzten Jahren sehr schnell gelernt hat – daß im Tourismus das Geld leichter zu verdienen ist als auf dem Feld.

Von den Urlaubern erhofft sich auch der 72jährige Dimitrios Papadimitriou im Kloster Ipsenís Hilfe. Er ist der Vater des Priesters im nahen Dorf Lárdos und verbringt jeden Tag im Kloster, gießt die vielen bunten Blumen, wässert die Rosen und Obstbäume. Allein im Pfarrbezirk seines Sohnes gibt es noch zehn weitere alte Klöster, die alle leer stehen. Dimitrios pflückt mir zwei Mirabellen, dann lädt er mich zum Kaffee ein. Beim Zikadengesang erklärt er mir, warum in keinem einzigen rhodischen Kloster noch Nonnen oder Mönche leben: keines könnte seine Bewohner ernähren, geschweige denn soviel Überschuß erwirtschaften, daß die frommen Brüder oder

Die kleine Kapelle Ágios Nikólaos Funtúkli liegt westlich von Eleoússa

Moní Thári bei Láerma ist – wie so oft heute in Griechenland – ein Kloster ohne Mönche

Eine byzantinische Prinzessin soll Moní Thári gegründet haben. Die Fresken stammen aus dem 16. und 17. Jahrhundert

Fegefeuer nicht lassen. Nur das irdische Leben sei der Ort, an dem der Mensch über seinen späteren Weg ins Paradies oder in die Hölle entscheide. Ich nicke, nun gilt es für ihn, die Frage zu klären, ob ich Protestant oder Katholik bin. Daß ich aus der Kirche ausgetreten bin, erzähle ich ihm lieber nicht, doch mein ehrliches Lob der Orthodoxie löst einen unerwarteten Redeschwall bei ihm aus.

Die Arbeiter glauben, mich davor bewahren zu müssen, wollen ihn stoppen, doch der Küster scheint mir wie ein Schlüssel zur Erklärung einer weitgehend vergangenen Welt, in der die Menschen Klöster bauten statt Hotels. Ich will ihm zuhören. Voller Leidenschaft spricht er von den Irrwegen der nichtorthodoxen Christenheit, fordert seine Frau auf, mir das Evangelium zu bringen, damit ich selbst die Wahrheit nachlesen könne.

Wir sitzen noch lange zusammen. Er lädt mich ein, mit in seine spartanisch eingerichtete Wohnung zu kommen, um mir ein Video über das Leben Christi anzuschauen oder auch in einem der Gästezimmer des Klosters zu schlafen so wie jener deutsche Urlauber vor wenigen Tagen, der mit dem Fahrrad von Kloster zu Kloster fuhr. Ich muß aber weiter, über den Koukouliári-Berg zurück nach Messanagrós. Der Küster ruft mir noch hinterher, daß ich sicherlich leicht vom Patriarchen die Genehmigung erhalten würde, mich orthodox taufen zu lassen. Dann bin ich wieder in der Bergeinsamkeit und blicke von der Höhe über den stillen Inselsüden hinüber auf die nicht minder einsam in der Ägäis verankerten Nachbarinseln Chálki und Kárpathos, bin Teil einer Landschaft, die sich seit Jahrhunderten nicht verändert hat.

Klaus Bötig

Kirchen auf Rhodos

Ágios Geórgios o Wárdas bei Apolakkía: Einraumkapelle etwa 4 km außerhalb des Dorfes mit zahlreichen Wandmalereien aus der Zeit um 1300.

Ágios Nikólaos Funtúkli bei Eleoússa: Kapelle westlich des Dorfes mit Wandmalereien aus dem 14. oder 15. Jh.

Evangelismós in Rhodos-Stadt: Die Bischofskirche der Insel am Mandráki-Hafen ließen die Italiener 1925 erbauen. Als Vorlage dienten dabei Zeichnungen aus dem 19. Jh. Nach 1947 wurde sie im traditionellen byzantinischen Stil vollständig ausgemalt.

Kímisis tis Theotókou in Asklipiíou: Die naiv-rustikalen Wandmalereien aus dem 17. Jh. behandeln überwiegend die Visionen der Apokalypse.

Moní Thári bei Láerma: Ehemalige Klosterkirche in einem Olivenhain 3 km außerhalb des Dorfes. Die Wandmalereien stammen aus den Jahren 1506 und 1620.

Panagía in Líndos: Mitten im Dorf liegende, relativ große Kirche aus dem 14. Jh., die 1779 von einem Maler aus Sími vollständig ausgemalt wurde.

Geöffnet: Meist von 6 Uhr morgens bis 19 oder 20 Uhr abends. Für das Moní Thári muß man den Küster in Láerma abholen. Für andere geschlossene Kirchen kann man im Kaffeehaus nach dem Schlüssel fragen: *Pu ine to klidí ja tin ikklisía?* Dem Schlüsselverwahrer gibt man ein Trinkgeld von 100 Drachmen.

Gute Sitten
In den Kirchen sollte man nie die Hände auf dem Rücken halten. Ebenso unschicklich ist es, der Ikonostase (Bilderwand) den Rücken zuzukehren. Kerzen darf jeder Kirchenbesucher ohne weiteres kaufen und anzünden.

Schwestern davon einen Arztbesuch oder gar einen Krankenhausaufenthalt bezahlen könnten. Später zeigt er mir stolz die piksauberen Gästezimmer, die Bibliothek, die Küche, das moderne Bad und den großen Speisesaal seines Klosters. Er bittet mich, allen Deutschen zu sagen, daß sie hier gern übernachten könnten, wenn sie im Dorf kein Zimmer fänden oder wenn ihnen ein Hotel zu teuer sei. Mit den Spenden könnte er dann notwendige Handwerkerarbeiten im Kloster finanzieren.

Fremde stehen in der Kirche des Klosters Skiádi, als ich nach einer kurzen, aber aufgrund des Straßenzustandes abenteuerlichen Fahrt von Messanagrós her dort ankomme. Der Küster erklärt ihnen gerade, daß das Fegefeuer im orthodoxen Christentum unbekannt sei, doch die Besucher wollen das gar nicht hören. Sie verabschieden sich höflich und steigen wieder in ihr Auto ein.

Ich nehme die Einladung des Küsters zu einem Täßchen Kaffee an. Zwei Arbeiter, die gerade mit Ausbesserungsarbeiten an den Gästezimmern des Klosters beschäftigt sind, sitzen schon am Tisch. Der Küster, ein Mann um die 60, mag vom Thema

EXTRATOUR

KASTELLÓRIZO: AM ENDE DER WELT

Lefteris zieht die Gashebel der beiden Propellertriebwerke etwas zurück und fährt die Landeklappen aus. Der Zeiger des Höhenmessers kreist über die Skala: neunzehnhundert Fuß, achtzehn-, siebzehnhundert... Rechtskurve. Da ist die Piste vor uns: ein schmales, schwarzes Asphaltband, in den graubraunen, baumlosen Felsrücken gesprengt, wie ein Hohlweg. Griechenlands letzte Insel liegt 70 Seemeilen östlich von Rhodos auf halbem Weg nach Zypern. Die schmale Einfahrt des Hafens öffnet sich zur kleinasiatischen Küste. Sie ist, wie auf allen Dodekanes-Inseln, auch hier das Gegenüber, der Bezugspunkt. Es gab Zeiten im 18. und 19. Jahrhundert, da unterhielten die Reeder von Kastellórizo mit einer stattlichen Flotte von zwei-, dreihundert Segelschiffen rege Handelslinien nach dem ägyptischen Alexandria, nach Smyrna, Konstantinopel und Venedig. Heute biegt zweimal in der Woche das kleine Fährschiff tutend um die Mole an der Hafeneinfahrt. Die „Papadiamantis" kommt aus Rhodos. Dann versammelt sich groß und klein, jung und alt am Kai. Rückwärts manövriert das Schiff langsam an die Hafenmauer, Trossen fliegen durch die Luft, werden festgezurrt. Alle packen mit an, um die Fracht auszuladen, Nachschub für die Läden von Kastellórizo: Kisten voll Gemüse und Obst, pralle Säcke voller Kartoffeln und Zwiebeln; Rinderhälften, Bier- und Limonadekästen; Wein- und Ouzokartons, ein neuer Kühlschrank, ein Sofa, Zeitungen, und manchmal ein Paket mit neuen Kreuzworträtseln. Dann und wann geht auch ein Passagier von Bord. Wenn die „Papadiamantis" nach einer halben Stunde wieder ausläuft, nimmt sie auf die siebenstündige Fahrt nach Rhodos das wenige mit, was Kastellórizo heute anzubieten hat: drei, vier große Schwertfische vielleicht, eine Kiste frischgefangener Garnelen oder Barbounia. Während die Fähre jenseits des grünen Leuchtfeuers auf Westkurs dreht, versinkt Kastellórizo wieder in den Winterschlaf.
In der kleinen Taverne am Hafen, bei Apostolis, sitzen vier, fünf Männer um die klapprigen Blechtische, das Kinn auf die Faust gestützt oder die gefalteten Hände auf dem Krückstock ruhend. Manchmal kommt ein Gespräch in Gang. Manchmal spielt man Tavli. Meist aber sitzen sie stumm da, vor ihren kleinen Kaffeetassen und den Wassergläsern, stundenlang, und sehen aufs Meer. Abends starren sie in den Farbfernseher an der Wand. Nachrichten aus Athen und der übrigen Welt. Kastellórizo ist eine Insel der Alten. 50000 „Kassies", Auswanderer aus Kastellórizo und ihre Nachkommen, leben heute in Australien; sechstausend in den Vereinigten Staaten; tausend in Südamerika. Auf die ganze Welt verstreut leben heute etwa 80000 Kastelloriozioten. In Athen gibt es einen Verein, der 800 Mitglieder zählt – viermal so viele, wie die Insel Einwohner hat. Dieser rührigen Lobby ist es zu verdanken, daß die Insel nicht völlig in Vergessenheit geriet. Die Regierung in Athen und der zuständige Provinzpräfekt in Rhodos tun, was in ihren Kräften steht. Zuschüsse in Höhe 500 Millionen Drachmen, umgerechnet fast sechs Millionen Mark, wurden für den Wiederaufbau von vierzig Ruinen zur Verfügung gestellt. Jede Familie bekam eine Nähmaschine und einen Kühlschrank geschenkt, 50 Telefonanschlüsse legte die staatliche Fernmeldebehörde kostenlos, nach Rhodos kann man zum Ortstarif telefonieren. Ein Umsetzer oben auf dem Berg bringt den Leuten von Kastellórizo inzwischen das griechische Fernsehen in die Wohnstuben. In einem der Häuser am Hafen wurde eine kleine Krankenstation eingerichtet, aus Athen schickte das Gesundheitsministerium einen jungen Arzt. Und vor zwei Jahren wurde der Flugplatz fertig. Seit es ihn gibt, ist Rhodos nur noch dreißig Minuten weit weg. Aber nicht alle Probleme sind gelöst. „Wenn wir Wasser haben, haben wir Zukunft!" glaubt Bürgermeister Michalis

Moschee von Kastellórizo: der Orient ist auf dem Dodekanes allgegenwärtig

Chondros. Wasser gab es auf Kastellórizo noch nie. In Zisternen wird der Winterregen gesammelt – wenn es regnet. Im Sommer kommt alle paar Wochen ein Tankschiff aus Rhodos und füllt die Reservoirs wieder auf. Seit Jahren diskutiert man über eine Meerwasserentsalzungsanlage, Athen stellte das Geld bereit, das Projekt wurde sogar ausgeschrieben, aber bürokratische Verwicklungen haben bisher den Bau immer wieder verzögert. Wasser braucht Kastellórizo, wenn die Insel überleben will. Denn ihre einzige Hoffnung ist heute der Fremdenverkehr. Wovon sonst soll man leben? Nur an wenigen Stellen läßt die dünne Humusschicht eine bescheidene Landwirtschaft zu. Und der Fischfang kann allenfalls ein Dutzend Familien ernähren, mehr schlecht als recht. Die Regierung in Athen bemüht sich, diese Entwicklung umzukehren. In der Vor- und Nachsaison gibt es die Überfahrt von Rhodos zum Nulltarif, die sieben kleinen Pensionen und das einzige Hotel der Insel werden von der staatlichen Touristikbehörde EOT subventioniert. Bürgermeister Chondros glaubt unerschütterlich an „bessere Tage". Aber die Jungen wollen weg. „Was soll ich hier?" fragt der 17jährige Manolis. „Hier gibt es kein Kino, keine Disko, keine Abwechslung – nichts, nicht mal einen Job."
Der alte Michalis sitzt im *kafenion*, unten am Wasser. Er ist fast blind. Aber das Bild hat er schon vor Jahrzehnten gespeichert: jenseits der geöffneten Tür die Kaimauer, dann die spiegelglatte Wasserfläche des Hafens; drüben rechts der kleine Leuchtturm, daneben das schlanke Minarett der Moschee; links schiebt sich der baumlose Felsrücken ins Meer; und dahinter riegelt die dunkle Mauer der anatolischen Küstengebirge das Guckkastenpanorama ab. Michalis sieht es vor sich, tagein, tagaus. Immer wieder derselbe kleine Ausblick in die Welt.   *Gerd Höhler*

Der Autor ist Korrespondent für Zeitungen, Funk und Fernsehen in Athen.

Grafiken · Karten

Das Schlußzeichen entwarf Heinz Schultchen. Die Karte auf S. 108 zeichnete das Studio für Landkartentechnik/Detlef Maiwald, die Akropolis von Líndos S. 114 Klaus Bergerer, die Klimagrafik S. 122 Franz Huber.

Bildnachweis

Anordnung im Layout: l = links, r = rechts, o = oben, u = unten, m = Mitte. Titel: Guido Mangold; S. 3 1. F. v. o. Renate Schmitz, 2. F. v. o. Rowohlt Verlag, 3. F. v. o. Herbert Peterhofen/Stern, 5. F. v. o. Hugo Jehle/Südd. Rundfunk, r Ministry of Culture/ Archaelogical Receipts Fund, Athens; S. 4 l, m, S. 5 l Klaus D. Francke/Bilderberg; S. 4 r Lisl/ TIB; S. 5 r Mangold; S. 7 Bildarchiv Preußischer Kulturbesitz; S. 8 m Hans-Georg Roth; S. 12 o Klaus Bötig, u, 13 o Hillary Liss; S. 14 J. B. Gotta'scher Verlag/ Moritz Rensch/Deutsche Schillergesellschaft; S. 16/17, 26/27 Mangold; S. 18–23, 28/29 Francke/Bilderberg; S. 24/25 Franz Frei; S. 34–45 Mangold, S. 43 ro Peter Hollenbach, S. 45 ru, S. 50/ 51, 52/53, 54/55, 56/57 Francke/ Bilderberg; S. 51 u, S. 58/59 privat; S. 52 u, 53 u, S. 54 u, S. 55 u Hollenbach; S. 58 Renate Schmitz; S. 62/63, 64 m, 65, 67 o, m Marco Casiraghi; S. 64 o Stefano Navarrini; S. 66 o, m Frei; S. 68, 69 Nikos Kasseris; S. 70–S. 73, S. 76, 77, S. 82, 83 Mangold; S. 74 Frei; S. 74/75, S. 80/81 Francke/ Bilderberg; S. 82/83 Roth; S. 84/ 85 Verlag Heinrich Keller, Berlin; S. 84 o Bildarchiv Preußischer Kulturbesitz; S. 89, 91, 98/99, 100/101, 103 Ekdotike Athenon S. A., Athens; S. 92/97, 93–96 Francke/Bilderberg; S. 104 Eugen Diederichs Verlag, München; S. 107, S. 109, 110, 112, 117, 118 o, S. 124 Mangold; S. 111 Bötig, S. 113, 115 o, S. 120 Casiraghi; S. 115 u Ulrich Wozniak; S. 116 Wyn Hoop; S. 118 u, S. 119 Francke/Bilderberg; S. 126 Zita Press/Sygma/Pandis, u Ekdotike Athenon S. A. Athens; S. 130, S. 134 o, S. 135 u, S. 136, S. 137 m Francke/Bilderberg; S. 134 u Mangold; S. 135 o, m, S. 137 o Casiraghi; S. 137 u Frei.

Beilagenhinweis

Einem Teil dieser Auflage liegen Prospekte der Firma Extec Marketing GmbH, Rosenäcker Str. 30, 7046 Gäufelden 1 bei.

BRÜCKENSCHLAG

Wir bauen Ihnen sichere Brücken für eine solide und individuelle Immobilienfinanzierung.

In neun Großstädten – von Süd bis Nord – sind unsere Berater, zu Hause auf den regionalen Märkten in allen Fragen der Immobilienfinanzierung, stets für Sie da. Damit können Sie die Kompetenz unserer Mitarbeiter und unsere zinsstabilen Konditions-Varianten für sich nutzen. Und das sind sichere Pfeiler für Ihre Investitionen: Darlehenslaufzeiten bis weit übers Jahr 2000 hinaus, Tilgungshöhe und Tilgungsart in Abstimmung mit Ihren steuerlichen Abschreibungsmöglichkeiten. So kommen Sie problemlos und bequem ans Ziel Ihrer Wünsche – gleichgültig, ob Sie bauen, kaufen, modernisieren oder umschulden wollen.

Das Vertrauen unserer Kunden hat uns zu einer der großen privaten Hypothekenbanken gemacht. Bei einem Bilanzvolumen von 17,6 Milliarden DM wissen wir genau, wie wichtig eine rasche Bearbeitung und eine flexible Finanzierung für Sie sind.

Unsere Kunden sind durch die Bank zufrieden.

SÜDDEUTSCHE BODENCREDITBANK

SÜD BODEN 1871

8000 München 2, Ottostraße 21,
Tel.: 089/5112-0, Telefax: 089/5112-365, Btx: 531001, Telex: 523554

Ihr nächster Südboden-Finanzierungsberater: **8000 München 2,** Ottostraße 21, Tel.: 089/5112-276; **7800 Freiburg,** Friedrichring 37, Tel.: 0761/274009; **7000 Stuttgart 1,** Reinsburgstraße 13, Tel.: 0711/626071/72; **6000 Frankfurt/M. 1,** Bleidenstraße 6, Tel.: 069/288508; **4000 Düsseldorf 1,** Immermannstraße 9, Tel.: 0211/360636/37; **4600 Dortmund 1,** Schwanenwall 36–38, Tel.: 0231/528581/82; **3000 Hannover 1,** Sophienstraße 6, Tel.: 0511/326481; **2000 Hamburg 36,** Neuer Wall 42, Tel.: 040/364321/22; **1000 Berlin 30,** Tauentzienstraße 13, Tel.: 030/248044

DER GUTE TIP

WENN EINEN DAS BAUCHGRIMMEN PLAGT

Es ist immer das gleiche. Zuerst die felsenfeste Gewißheit: Mir kann das nicht passieren. Dann plötzlich jenes Kollern, der erschreckt-einwärts gekehrte Blick und der vergebliche Versuch, die Vorgänge unterhalb des Zwerchfelles durch reine Willenskraft wieder unter Kontrolle zu bekommen – und schließlich die Phase der Resignation, in der man Pillen schluckt und in der Nähe rasch herstellbarer Einsamkeit bleibt, sofern es der Reiseplan zuläßt.

Es kommt der Moment, da sich auch der gutmütigste Tourist gegen die sadistischen Quälereien menschenverachtender Städtearchitektur aufbäumt, mit seinem Leben abschließt und todesmutig in die nächstbeste Räuberhöhle oder Kaschemme stürzt, freudig bereit, all seine irdischen Güter und längere Abschnitte seiner ewigen Seligkeit gegen ein Klo hinzugeben. Doch damit haben Leid und Schrecken oft kein Ende. Wer kennt nicht die harmlos wirkenden Klobrillen, die plötzlich von der Schüssel fallen, sofern das die Größe des Kabinetts zuläßt. Wer hätte nicht schon in hilfloser Lage versucht, vor, neben oder hinter sich eine unverschließbare Tür mit den Zehenspitzen, dem Hinterkopf oder ausgekugeltem Arm zuzuhalten.

Denn nicht überall ist das Problem auf so geniale, weil einfache Weise gelöst wie bei jenem Verschlag in einem Kafenion, wo ein Tauende an die Tür genagelt war. Ergriff man es nach den notwendigen, wenn auch hektischen Vorbereitungen mit ausgestrecktem Arm, überkam einen tiefe Befriedigung: Man schwebte wie weiland der Geist über den Wassern genau über der richtigen Stelle des Stehklos, konnte nicht umfallen und hielt gleichzeitig die Tür zu. Es fehlte freilich, wie so oft, die Wasserspülung, aber man staunt, was eine Colaflasche alles ausrichten kann. Doch auch da, wo es Wasserspülung gibt, ist der Reisende mancher Unbill ausgesetzt, und das nicht nur in Stehklos, wo man bis zu den Knöcheln im Wasser steht, wenn man nicht rechtzeitig beiseite- oder, wenn der Platz nicht reicht, mehrfach in die Höhe springt.

Nun soll man nicht glauben, daß die Sache in Gottes freier Natur einfacher wäre. Denn ist man da mit beschädigter Darmflora per Auto unterwegs, kann der Macchiabewuchs leicht zur Katastrophe werden. Andererseits fördert die Weite einer Gegend leicht das Gefühl der Hoffnungslosigkeit, wenn jeder Sichtschutz fehlt. Hier gilt die Maxime: Je übersichtlicher die Landschaft, desto störender der Mitmensch.

Nun gibt es keine Notlage, die nicht noch größer werden könnte. Irgendwann ist mit Sicherheit plötzlich das Papier alle. Die Lage ist ernst: Was nun? Außer in einer reinen Sandwüste besteht kein Grund zur Panik. Man nimmt, wie schon weit vor dem Trojanischen Krieg üblich, handgerechte Feigenblätter oder Steine mit möglichst wenig scharfen Kanten. Dabei entsprechen in der Qualität Sandsteine mehr dem Toilettenpapier im Ostblock, das im Westen oft als Sandpapier mit der Körnung 40 gehandelt wird. Rundgeschliffene Quarz- oder gar Marmorkiesel – glückliches Hellas! – erinnern dagegen eher an das Superflauschpapier westlicher Länder. Allerdings ist diese Naturmethode eher etwas für die kühleren Morgen- oder Abendstunden, da man sonst auch gleich ein glühendes Fünfmarkstück nehmen kann. Der Rest des Verfahrens steht in der Bibel und gilt für Gläubige und Gottlose gleichermaßen: „Du sollst eine Schaufel haben", befiehlt da im fünften Buch Mose (23,13) der Schöpfer Himmels und der Erden, „und wenn du dich draußen setzen willst, so sollst du damit graben; und wenn du gesessen hast, sollst du zuscharren, was von dir gegangen ist."

Johannes Lehmann

KLIMA: WINDE SATT

Die Griechen nannten sie Etesien, die Türken Meltemia. Beide meinten die Sommerwinde in der Ägäis, die dort zwischen Mai und September aus nördlicher Richtung wehen, auf Rhodos und Kós auch von Westen her. Meist tritt der Meltemi bei wolkenlosem Himmel am späten Vormittag auf, steigert sich tagsüber bis zu 5 oder 6 Windstärken und flaut gegen Sonnenuntergang ab. Erreicht er aber Windstärken von 7 oder 8, so weht er oft auch über Nacht und mehrere Tage hindurch. Dieser Wind fegt die Hitze weg, macht das Atmen erträglicher und peitscht das Meer auf. Während in antiker Zeit Aiolos, der Sohn des Meeresgottes Poseidon, als Beherrscher der Winde und damit als Urheber der Etesien angesehen wurde, weiß man heute, daß die Ursache des Meltemi das ausgeprägte Luftdruckgefälle zwischen dem westlichen und östlichen Mittelmeerraum ist. Dem Urlauber auf den Inseln des Dodekanes jedenfalls bringt der Meltemi angenehme Kühlung. Dann mag er sich erinnern, daß die Venezianer, die über Jahrhunderte auf Astipálea und Kárpathos saßen, vom Schönwetterwind *beltempo* sprachen.

	Mittlere tägliche Minima in °C	Mittlere tägliche Maxima in °C	Sonnenscheindauer in Stunden pro Tag	Zahl der Niederschlagstage	Wassertemperatur in °C
Januar	7.4	15.4	4.5	14	17
Februar	7.7	15.9	5.4	10	16
März	8.8	17.2	6.8	8	16
April	11.3	20.5	8.7	3	17
Mai	14.6	25.0	10.1	3	19
Juni	18.9	29.5	11.6	0	21
Juli	21.3	31.9	12.5	0	23
August	21.9	32.6	12.2	0	25
September	19.2	29.4	10.7	1	24
Oktober	15.3	25.3	7.9	6	22
November	12.0	21.1	6.3	7	20
Dezember	9.2	17.1	4.4	13	18

Der Dodekanes ist ein ausgesprochenes Frühjahrs- und Sommerreiseziel. Zwischen April und Anfang Oktober kann man mit beständigem Wetter und viel Sonnenschein rechnen. In der übrigen Zeit ist es kühl, häufig regnerisch und stürmisch. Die Meerwassertemperatur erreicht erst Anfang Mai die 18-Grad-Marke und steigt im August bis zu 25 Grad. Alle Werte wurden auf Rhodos ermittelt, jene der übrigen Inseln des Dodekanes sind jedoch ähnlich.

BÜCHER

REISEFÜHRER

Klaus Bötig: Rhodos und Dodekanes. Badenweiler: Oase Verlag 1988, 32 DM.
Ingeborg Lehmann: Griechische Inseln 3. Die Dodekanes. Leichlingen: Kurt Schroeder 1985, 39,80 DM.
Norbert R. Lux, Gabriele Lux: Rhodos. Pforzheim: Goldstadt 1986, 14,80 DM.
Helmut Scharf: Ostägäische Inseln. Olten, Freiburg: Walter 1988, 38 DM.
Richard Speich: Rhodos mit Chalki, Simi und Kastellorizo. Stuttgart u. a.: Kohlhammer 1987, 59 DM.
Waltraud Sperlich: Griechische Inseln – Dodekanes selbst entdecken. Zürich, Cochabamba: Regenbogen-Verlag 1988, 16,80 DM.
Franck Weimert: Rhodos kennen und lieben. Lübeck: LN-Verlag 1985, 14,80 DM.

LITERATUR UND SACHBÜCHER

Georgios Aridas (Hg.): Und sie lebten glücklich . . . Griechische Volksmärchen. Köln: Röderberg 1989, 45 DM.
Klaus und Yvonne von Bolzano: Das andere Rhodos. Salzburg: Otto Müller 1977, 27,80 DM.
Lawrence Durrell: Leuchtende Orangen. Rhodos-Insel des Helios. Reinbek: Rowohlt (rororo, 1045) 1988, 7,80 DM.
Evjenía Fakínu: Astradení – die Sternenbindende. Köln: Romiosini 1986, 19,80 DM. (Roman, der zum Teil auf Sími spielt)
Johannes Gaitanides, Susanne I. Worm: Kreta – Rhodos – Zypern. Frankfurt am Main: Fischer 1983, 12,80 DM.
Klaus Gallas: Rhodos sehen & erleben. München: Süddeutscher Verlag 1989, ca. 110 Abb., 39,80 DM.
Griechische traditionelle Architektur. Hefte für Astipálea, Kálimnos, Kárpathos, Léros, Pátmos, Rhodos. Athen: Melissa. In Griechenland erhältliche Hefte mit 40–50 Abb., Karten und Grundrissen.
Die Hexe von Patmos. Märchen von den griechischen Inseln. Köln: Romiosini 1983, 12,80 DM.
Hippokrates: Fünf auserlesene Schriften. Zürich, München: Artemis 1984, 39 DM.
Dietrich Höllhuber, Ulrike Tietze: Die Insel Karpathos: Wanderungen in der Ägäis zwischen Tradition und Tourismus. Fulda: Ikarus 1985, 17,80 DM.
Walter Jens: Das A und O. Die Offenbarung des Johannes. Stuttgart: Radius 1987, 12 DM.
Erhart Kästner: Griechische Inseln. Aufzeichnungen aus dem Jahre 1944. Frankfurt am Main: Insel (insel taschenbuch, 118) 1980, 7 DM.
Armin Kerker: Griechenland. Entfernungen in die Wirklichkeit. Hamburg: Argument Verlag 1988, 28 DM.
Athanasios D. Kominis (Hg.): Patmos – Treasures of the Monastery. Athen: Ekdotike Athenon 1988, 286 Abb., in Griechenland erhältlich.
Gregorios Konstantinopoulos (Text), Spyros Meletzis und Helen Papadakis (Fotos): Rhodos Stadt und Insel. München, Zürich: Schnell & Steiner 1976, 120 Abb., 14,80 DM.
Konrad Onasch: Kunst und Liturgie der Ostkirche in Stichworten unter Berücksichtigung der Alten Kirche. Wien, Köln, Graz: Böhlau 1981, mit Abb., 86 DM. (Ausführliches Handbuch und Lexikon)
Pindar: Oden. Frankfurt am Main: Insel (insel taschenbuch, 799) 1984, 9 DM.
Jannis Ritsos: Die Nachbarschaften der Welt. Köln: Romiosini 1984, 19,80 DM. (Lyrisches Epos über die Zeit der deutschen Besetzung und des griechischen Widerstandes)
Jannis Ritsos: Unter den Augen der Wächter, hrg. v. A. Kerker, München: Hanser, 1989, 29,80 DM
Günter Spitzing: Lexikon byzantinisch-christlicher Symbole. Die Bilderwelt Griechenlands und Kleinasiens. München: Diederichs 1989, zahlr. Abb., 58 DM.
A. B. Tataki: Rhodos. Lindos – Kamiros – Filerimos. Der Großmeisterpalast und das Museum. Wien: Schroll 1982, 26 DM.
Theokrit: Sämtliche Dichtungen. Frankfurt am Main: Insel (insel taschenbuch, 1158) 1989, 14 DM.
Adam Wienand (Hg.): Der Johanniterorden. Der Malteserorden. Köln: Wienand 1988, 88 DM.

SEGELN

Andrea Horn, Wyn Hoop: Kreuzen zwischen Türkischer Küste und Ostgriechischen Inseln. Nautischer Reiseführer, Edition Maritim, Hamburg 1988; 78 DM.
Gerd Radspieler: Häfen und Ankerplätze in Griechenland. Ostägäische Inseln, Dodekanes, Kreta. Bielefeld: Delius Klasing 1988, 155 Pläne, 39 DM.

AUF EINEN BLICK

WIRTSCHAFT: PRIVILEGIEN GAB SCHON DER SULTAN

Streng mustert der Zöllner am Flughafen von Rhodos das aufgegebene Gepäck. „Etwas anzumelden?" Der Fremde ist verwirrt: wieso eine Zollkontrolle bei der Abreise? Und überdies vor einem Inlandsflug, der doch nur nach Athen geht? Aber das hat schon seine Ordnung. Die Zollbeamten auf Rhodos und den anderen Inseln des Dodekanes verdanken einen Gutteil ihrer Arbeit nicht etwa einem florierenden Reiseverkehr mit dem Ausland, sondern den Sonderangeboten des örtlichen Einzelhandels: Spirituosen und Schmuck, Kühlschränke und Fernseher, aber auch viele Artikel des täglichen Bedarfs sind auf den Dodekanes-Inseln preiswerter zu haben als im Rest Griechenlands. Die wohlfeilen Einkaufsmöglichkeiten sind dem hier ermäßigten Mehrwertsteuersatz zu verdanken. Dieses Steuerprivileg hat Tradition: Schon unter den osmanischen Besatzern (1522–1912) wurden die Rhodier von den Steuereintreibern der Sultane mit großer Nachsicht behandelt. Als der Dodekanes 1947 an Griechenland fiel, war das hellenische Königreich um eine Problemregion reicher: die Inseln, ihres eigentlichen wirtschaftlichen Hinterlands, die kleinasiatischen Ägäisküste, beraubt, schienen zum ökonomischen und sozialen Niedergang verurteilt – daher die Steuervorteile, die sogar den EG-Anschluß Griechenlands im Jahre 1981 überdauerten. Schon ein Blick auf die Landkarte zeigt, wie schlecht die wirtschaftliche Ausgangslage war. Fast ausnahmslos öffnen sich die Häfen der Dodekanes-Inseln zum ehemals griechisch besiedelten Kleinasien hin. Rhodos korrespondierte mit Marmaris, Kálimnos und Kós mit Bodrum, Sími mit Bozburun, Kastellórizo mit Kaş. Siedlungsmuster und ökonomische Strukturen dieser Inselgruppe orientierten sich an den Handelsbeziehungen und den Schiffahrtsrouten der Antike, des hellenistischen Zeitalters und der Renaissance. Der Handel zwischen Orient und Abendland, noch im 19. Jahrhundert die wichtigste Wirtschaftsgrundlage des Dodekanes, lief 1947 längst an den Inseln vorbei.

Wie verheerend die politischen Umwälzungen nach dem Zweiten Weltkrieg, die neuen Grenzen und die griechisch-türkischen Konflikte sich auf die Wirtschaftsentwicklung dieser Inselgruppe auswirkten, zeigt ein Blick in die Einwohnerstatistik: Tílos hatte 1951 immerhin 1052 Einwohner, 1981 dagegen nur noch 301; auf Níssiros lebten 1951 2327 Menschen, dreißig Jahre später waren es nur noch 916; Psérimos wurde im gleichen Zeitraum von 233 auf 72 Einwohner dezimiert, Astipálea von 1797 auf 1030 und Kastellórizo von 574 auf 222. Insbesondere während der fünfziger Jahre kehrten viele ihren Inseln den Rücken: im zentralistisch regierten, ganz auf Athen und Attika fixierten Griechenland schienen Orte wie Kós oder Kárpathos, Kássos oder Chálki keine Zukunft zu haben. Vielen der Inselflüchtigen war selbst Athen noch zu nah, Griechenland zu eng – sie gingen ins Ausland. Mobil waren die Griechen zu allen Zeiten. Aber die Emigrationswellen unseres Jahrhunderts brachten einen schweren Aderlaß für Griechenland. Zwischen 1900 und 1918 verließen 390000 Griechen ihre Heimat – ein Fünftel der Gesamtbevölkerung! Die zweite große Auswanderungswelle brach nach der Mitte der fünfziger Jahre über das Land herein – 1,4 Millionen zogen ins Ausland, über 136000 allein im Jahr 1970. Vor allem diese Völkerwanderung hat Griechenland um viele seiner besten Kräfte und seiner hellsten Köpfe gebracht. Zwischen 1961 und 1965 wanderte jeder dritte Ingenieur nach Abschluß seines Studiums aus, 27 Prozent der Naturwissenschaftler und 25 Prozent der Mediziner verließen ihr Land in der Hoffnung auf eine Karriere in der Fremde. Was den Dodekanes angeht, so hat erst der Tourismus diesen Aderlaß beenden können. Heute verdienen zwei Drittel der Einwohner von Rhodos ihren Lebensunterhalt direkt oder indirekt mit dem Fremdenverkehr – es ist durchweg der Pauschaltourismus der mittleren und unteren Preisklasse. Die Anzahl der Hotelbetten stieg allein seit 1982 von damals 38000 auf heute fast 60000, nicht gerechnet die offiziell nicht registrierten Fremdenzimmer. Im statistischen Pro-Kopf-Einkommen liegt die einstige Problemregion Dodekanes mittlerweile in der Spitzengruppe Griechenlands – und das, obwohl viele der kleineren Inseln von dem Reiseboom bisher kaum etwas spüren.

Gerd Höhler

GRUNDDATEN

Der Dodekanes (griechisch *Dodekánissa* – „Zwölfinseln") ist eine Inselgruppe in der Ägäis vor der türkischen Südwestküste. Der Name, eine bereits im Mittelalter und in der Frühen Neuzeit verwendete Verwaltungsbezeichnung, wird seit Beginn des 20. Jahrhunderts für den gelegentlich Südliche Sporaden genannten Archipel benutzt.

Größe
Der Dodekanes besteht aus rund 20 ständig bewohnten Inseln unterschiedlicher Größe – von 5 (Télendos) bis 1398 km² (Rhodos) – und rund 180 kleineren Inseln und Klippen.

Bevölkerung
Die Inselgruppe bildet einen der 51 griechischen Verwaltungsbezirke. Sitz des *nomós* Dodekanes ist Rhodos. Auf rund 2700 km² Fläche lebten hier 1961 ca. 123000 Menschen, heute sind es noch knapp 148000. Die größten Orte sind Rhodos-Stadt (40000 Ew.), der politische und wirtschaftliche Mittelpunkt der Inselgruppe, und Kós-Stadt (8000 Ew.).

Landschaft
Alle Inseln sind gebirgig. Die höchsten Erhebungen haben Rhodos (Attáviros) und Kárpathos (Kalílímni) mit 1215 m. Erloschen sind die Vulkane auf Pátmos und Kós, auf dem Vulkan von Níssiros gibt es noch Schwefeldampfquellen.

Beschäftigte
Landwirtschaft/Fischfang 14%
Anbau von Gemüse, Melonen, Oliven, Tabak, Wein und Zitrusfrüchten.
Produzierendes Gewerbe 27%
Töpferei, Weberei, Nahrungsmittel und Textilgewerbe auf Kós, Bimssteinverarbeitung auf Níssiros.
Dienstleistungsbereich 59%
Vor allem im Tourismus, dem bedeutendsten Wirtschaftszweig, 1987 14 Mill. Übernachtungen.

Mit Sack und Pack die Heimat zu verlassen, weil es keine Arbeit gibt – das droht auch heute immer noch vielen Bewohnern des Dodekanes

DATEN ZUR GESCHICHTE

POLITIK: PERSONEN STATT PROGRAMME

Als Bewohner einer Randregion haben die Leute des Dodekanes mit den rechtskonservativen Regierungen der fünfziger Jahre keine guten Erfahrungen gemacht, denn die vernachlässigten die Provinz sträflich. So erzielten die Rechten denn auch auf diesen Inseln nie beeindruckende Wahlerfolge. Die Wähler sind hier vielmehr traditionell zur liberalen Mitte hin orientiert. Solche regional unterschiedlichen Präferenzen haben in Griechenland nicht nur mit den jeweiligen Sozialstrukturen zu tun; in Hellas zählen Persönlichkeiten mehr als politische Programme oder Ideologien, und zwei profilierte Zentrumspolitiker der sechziger Jahre stammen vom Dodekanes: Georgios Mavros aus Kastellórizo und Ioannis Zigdis aus Líndos auf Rhodos.

Zu den bis heute unumstößlichen Erfahrungen der Griechen gehört, daß die verkrustete Staatsbürokratie kein Verlaß ist. Wer eine Baugenehmigung, einen Telefonanschluß oder eine Rente haben will, bemüht sich gar nicht erst auf die zuständige Behörde, sondern schaltet seinen Abgeordneten oder am besten gleich einen Minister ein. *Rousfetti* nennt man das, ein nicht zufällig aus dem orientalischen Sprachraum stammendes, kaum übersetzbares Wort – „Gefälligkeit" wäre vielleicht eine Annäherung, wobei aber die Grenzen zu dem, was in Westeuropa bereits als handfeste politische Korruption gelten würde, durchaus fließend sind. Ein solches *rousfetti* kann beispielsweise in einem sicheren Job im Staatsdienst für den Sprößling bestehen, als Gegenleistung werden die Stimmen der dankbaren engeren und weiteren Verwandtschaft bei der nächsten Wahl erwartet. Treten wir den beiden Zentrumspolitikern Mavros und Zigdis nicht zu nahe – die Leute des Dodekanes hatten jedenfalls mit ihnen über viele Jahre hinweg zwei einflußreiche Männer in Athen, und das dürfte wesentlich zu den Wahlerfolgen der liberalen Zentrumsunion in dieser Region beigetragen haben.

Als das Zentrum nach dem Sturz der Obristendiktatur von der politischen Landkarte verschwunden war, umwarb Andreas Papandreous Panhellenische Sozialistische Bewegung (PASOK) die nun politisch heimatlosen Wähler der Mitte – auf dem Dodekanes mit Erfolg. Hier erzielte die Pasok in allen Wahlen seit 1974 weit über dem Landesdurchschnitt liegende Resultate. 1981 erreichte sie 58 Prozent (Landesdurchschnitt: 48 Prozent), und sogar bei der Wahl vom Juni 1989, als die mit vielfältigen Korruptionsvorwürfen konfrontierten Sozialisten landesweit auf 39 Prozent abrutschten, lag ihr Stimmenanteil auf dem Dodekanes bei vergleichsweise stolzen 50 Prozent. Von den vier Sitzen, die dem Dodekanes im 300 Abgeordnete starken Athener Parlament zustehen, entfielen 1989 zwei auf die Sozialisten und zwei auf die Konservativen. Eine Außenseiterrolle spielen hingegen die radikalen Parteien: Rechtsextreme und Kommunisten haben auf diesen Inseln weit weniger Zulauf als im Rest des Landes.

Heute bildet die Inselgruppe einen der 51 griechischen *nomoi*, der Verwaltungsbezirke oder Präfekturen. Sitz des von der Athener Regierung eingesetzten und dem Innenminister unterstellten Präfekten ist Rhodos. Der Volkszählung des Jahres 1971 zufolge gab es in der Gruppe der „Zwölfinseln", wie die „Dodekánissa" wörtlich übersetzt heißen, dreißig bewohnte Inseln und Eilande. Drei davon waren bei der Zählung von 1981 bereits menschenleer. Wenn 1991 die griechischen Volkszähler das nächste Mal ausschwärmen, werden sie zwar vermutlich auch vom Dodekanes einen weiteren Bevölkerungszuwachs melden, aber wiederum hinter einigen Inselchen in der Spalte „Einwohner" einen Strich machen müssen. Als Kandidaten, in die Kategorie der unbewohnten Dodekanes-Inseln abzurutschen, können Maráthos mit seinen fünf Bewohnern, Kínaros, Levítha, Sírna und Sariá (je vier Einwohner), Kandelioússa und Prasoníssi mit je zwei sowie Farmakoníssi mit einem Bewohner gelten – der allerdings nach Auskunft ortskundiger Fischer ohnehin seit Menschengedenken nur noch im statistischen Jahrbuch der Republik Griechenland existiert . . .

Gerd Höhler

Um 5500 v. Chr. Erste Besiedlung einzelner Inseln des Dodekanes
Um 1500 v. Chr. Phönizier lassen sich auf den Inseln nieder
Um 1100 v. Chr. Dorer vom griechischen Festland gründen erste Stadtstaaten (Ialysós, Kamíros und Líndos auf Rhodos)
Um 700 v. Chr. Die drei rhodischen Städte bilden mit Kós und den kleinasiatischen Küstenstädten Halikarnássos (heute Bodrum) und Knídos den dorischen Sechsstädtebund (Hexapolis). Von Líndos aus wird die Kolonie Gela an der Südküste Siziliens gegründet, von Gela aus entsteht mit rhodischer Unterstützung Akragas (heute Agrigento). Auch Phaselis an der Südküste Lykiens (Kleinasien, südlich von Antalya) ist eine Kolonie von Líndos
490–479 v. Chr. Perserkriege. Die Inseln Rhodos und Kós kämpfen auf Seiten der Perser, schließen sich aber nach deren Niederlage
477 dem Attischen Seebund unter Führung Athens an
460 v. Chr. Der Arzt Hippokrates wird auf Kós geboren
408 v. Chr. Die Stadt Rhodos entsteht und wird Hauptort der Insel
Um 366 v. Chr. Die Stadt Kós wird gegründet
305–304 v. Chr. Demetrios Poliorketes, Sohn des Diadochen Antigonos, belagert vergeblich Rhodos
Um 290 v. Chr. Zur Erinnerung an die erfolgreiche Verteidigung schafft der Bildhauer Chares aus Líndos den Koloß von Rhodos. Bei einem Erdbeben wird das Monument 227 oder 224 v. Chr. zerstört
Um 200 v. Chr. Rhodos unterstützt Rom im Kampf gegen Makedonien und erhält dafür um 190 Besitzungen in Kleinasien
171–168 v. Chr. Dritter römisch-makedonischer Krieg. Wegen eines Vermittlungsversuchs wird Rhodos nach der Niederlage Makedoniens hart bestraft, verliert die meisten seiner Besitzungen
Um 97 v. Chr. Die von Poseidonios gegründete Rhetorikschule erwirbt großes Ansehen, wird auch von Römern besucht (Cicero, Pompejus)
Um 50 v. Chr. Die rhodischen Bildhauer Hagesandros, Polydoros und Athanadoros schaffen die Laokoongruppe, die im Jahre 1506 n. Chr. in Rom wiedergefunden wird und heute in den Vatikanischen Sammlungen gezeigt wird
42 v. Chr. Cassius, neben Brutus Anführer der Verschwörung gegen Caesar, erobert Rhodos, das wie der ganze Dodekanes zum Römischen Reich kommt
Um 51 n. Chr. Paulus besucht Rhodos und Kós
95 Johannes soll 95/96 – von Kaiser Domitian verbannt – auf Pátmos gelebt und die „Offenbarung" geschrieben haben
395 Bei der Teilung des Römischen Reiches fallen Rhodos und der Dodekanes an Ostrom (Byzanz)
431 Ein Bischof auf Kós wird erstmals erwähnt
654 Rhodos und Kós werden für kurze Zeit von Arabern besetzt
1088 Der byzantinische Kaiser Alexios I. Komnenos übergibt die Insel Pátmos dem Abt Christódulos zur Gründung eines Klosters
1204 Kárpathos kommt in den Besitz venezianischer Familien, 1207 folgt Astipálea
1306–1309 Die Johanniter erobern Rhodos. Rhodos-Stadt wird Sitz ihres Ordens
1522 Nach sechsmonatiger Belagerung nimmt Sultan Suleiman der Prächtige Rhodos ein. Der Johanniterorden zieht nach Malta
1537 Auch Kárpathos und Astipálea kommen zum Osmanischen Reich
18. Jh. Albaner lassen sich auf Kássos nieder, Mitte des 19. Jhs. wandern sie nach Ägypten aus, 1956 kehren sie teilweise zurück
1821–27 Im griechischen Freiheitskampf unterstützen die Inseln die Unabhängigkeitsbestrebungen, bleiben aber beim Osmanischen Reich
1911–12 Italienisch-Türkischer Krieg. Italien besetzt den Dodekanes. Anfänge des Fremdenverkehrs und der Sicherung der antiken Stätten
1943 Nach Mussolinis Sturz besetzen die Deutschen die meisten Inseln. Die traditionsreiche jüdische Gemeinde von Rhodos wird vernichtet
1945–47 Die Inseln stehen unter englischer Verwaltung
1947 Griechenland erhält den Dodekanes
1967–74 Während der Militärdiktatur wird Léros zur Gefangeneninsel
1988 Die Staats- und Regierungschefs der Europäischen Gemeinschaft, der Griechenland seit 1981 angehört, treffen sich in Rhodos

RELIGION

ORTHODOXIE: DER PAPÁS IST IMMER DABEI

Wer eine der vielen Inseln im Ägäischen Meer betritt, steht auf einer Brücke. Hier tasteten sich die leichten Segelschiffe der Antike von Hafen zu Hafen, wagten bei günstigem Wind den Sprung in die nächste Bucht, bis sie endlich auf der anderen Seite des gefährlichen Wassers vor Anker gehen konnten. Über diese Brücken kam auch das Christentum. Aus einer kleinen jüdischen Sekte in Palästina, deren Überzeugungen zuerst in den Synagogen vorgetragen, dort kontrovers diskutiert und in der Regel von den jüdischen Gemeinden abgelehnt wurden, wuchs so eine neue Art von Glaubensgemeinschaft, die Juden und Nicht-Juden umfaßte. An solche Gemeinden schrieb der Apostel Paulus seine Briefe. Er richtete sie an Glaubensgenossen in Städten sowohl auf der kleinasiatischen Seite der Ägäis – in Ephesus und Kolossä –, wie auch auf dem europäischen Festland – in Philippi, Thessaloniki, Athen und Korinth. An all diesen Orten begegnete das Christentum der hellenistischen Welt, traf auf griechische Philosophie und auf griechischen Volksglauben. In der Auseinandersetzung mit beiden haben die Christen in den ersten drei Jahrhunderten unserer Zeitrechnung Entscheidungen getroffen, die bis heute die christlichen Kirchen, ihre Botschaft und ihre Riten entscheidend prägen.

Jahrhunderte später stieß an eben dieser Stelle das Christentum mit dem nach Europa vordringenden Islam zusammen. In der langen Zeit muslimischer Herrschaft im Mittelmeerraum mußte die griechische Kirche sich gegen die Nachfolger des Propheten behaupten. Zypern führt uns noch heute das Erbe dieser christlich-islamischen Geschichte vor Augen. Man muß nur den griechisch-orthodoxen Erzbischof von Nikosia fragen, was aus den Kirchen und Klöstern in jenem Teil der Insel geworden ist, der im Sommer 1974 handstreichartig von den Türken besetzt wurde. Neben der Klage über die Entweihung heiliger Stätten wird der Besucher auch die Überzeugung hören, daß griechische Gläubige sich unter türkischer Herrschaft – wie schon immer –, auf die geistlichen Güter ihrer Kirche besinnen und um so entschiedener zu ihr stehen.

Führte der Islam die griechischen Christen zusammen, so verhinderte er doch nicht den Bruch zwischen den orthodoxen Kirchen und dem vom Papst verkörperten Katholizismus Roms. Im Jahre 1054 endete der Besuch einer Gesandtschaft des Papstes Leo IX. beim Patriarchen Michael Kerullarios in Konstantinopel damit, daß ein Schreiben mit dem Bannfluch Roms auf den Altar der Hagia Sophia gelegt wurde. Die Antwort des Patriarchen, die Exkommunikation des Papstes, ließ nicht lange auf sich warten. Die orthodoxen Kirchen von heute sind ein loser Verband selbständiger Kirchen. Sie sind autokephal, das heißt, jede hat ihr eigenes geistliches Oberhaupt, einen Patriarchen. Das Symbol der Gemeinschaft ist für sie nicht eine Person als Statthalter und

Patriarchenkreuz mit „Fußtritt": kostbares Stück aus dem Johannes-Kloster auf Pátmos

Vertreter Jesu Christi – wie in der römischen Kirche –, sondern das Konzil: die gelegentliche Zusammenkunft der Häupter eigenständiger Kirchen. In der Familie orthodoxer Kirchen ist die griechische ein relativ junger Sprößling. Die ältesten Sitze von Patriarchen waren Konstantinopel, Jerusalem, Alexandrien, Antiochien – sie gehen auf die Zeit von 325 bis 451 nach Christus zurück. Griechenland gehörte bis ins 19. Jahrhundert zum Patriarchat Konstantinopel. Erst in Verbindung mit der nationalen Bewegung erklärte die griechische Kirche 1833 ihre Autokephalie. Istanbul ist nicht mehr Konstantinopel – der heutige Ökumenische Patriarch hat nur noch einen Schatten seiner früheren Machtfülle. Hohes kirchliches Prestige ist ihm jedoch geblieben. Das zeigt sich an der vorsichtigen Ausgewogenheit, mit der die Diözesen der heutigen griechischen Kirche organisiert sind. Von ihren 66 Bistümern unterstehen 33 Athen und 33 Konstantinopel. Alle drei Jahre treten die Bischöfe zu einer vom Patriarchen, dem Erzbischof von Athen, geleiteten Bischofskonferenz zusammen. Dazwischen führt ein zwölfköpfiger ständiger Ausschuß – die „Heilige Dauersynode der Kirche von Griechenland" – die Geschäfte. Die griechische Kirche genießt die Privilegien einer Staatskirche. Ihre Trauungen zum Beispiel haben Gesetzeskraft. Ein von der Regierung ernannter staatlicher Prokurator – früher mit, heute ohne Vetorecht – verbindet die Staatskirche mit dem Staat.

Seit im Jahre 1453 Konstantinopel von den Türken erobert wurde, ist die Hagia Sophia eine Moschee. Anders aber als die frühen Kirchen in der arabischen Welt und in Nordafrika, die in der islamischen Welle untergingen, blieb die griechisch-orthodoxe Kirche am Leben. Sowohl im Widerstand gegen die Türken – Klöster wurden zu Festungen – als auch in der äußerlichen Ergebung. Das Schulverbot zwang griechische Schulen in den Untergrund: So lernten die Kinder eben bei nächtlichen Schulstunden im Kloster Griechisch lesen und schreiben. Die Kirche wurde – noch stärker als zuvor – zur Bewahrerin griechischer Kultur und Identität. Die türkische Verwaltung ließ dem Bischof die Jurisdiktion über die Christen. So wurde er zu ihrem Vertreter, nicht nur in geistlichen, sondern auch in weltlichen Dingen. Im geistlichen Leben

Ex-Ministerpräsident Andreas Papandreou heiratet nach der Scheidung seine Mimi: kirchlich natürlich

der griechisch-orthodoxen Kirche spielen Mönche eine entscheidende Rolle. Seit dem dritten Jahrhundert ist das Suchen eines Menschen nach radikaler Einsamkeit, um so mit Gott intensive Gemeinschaft zu haben, eine anerkannte Form christlicher Spiritualität, später wurde es sogar zum Ideal des Christseins überhaupt. In der griechischen Kirche haben, wie überall in der Orthodoxie, nur Mönche Zugang zu hohen kirchlichen Ämtern. Der Priester, Papás, der Gemeindepfarrer, soll verheiratet sein und eine Familie haben. Bischof werden oder in noch höhere Ämter der Hierarchie aufsteigen kann dagegen nur ein Mönch, der freiwillig auf Ehe und Familie verzichtet hat, oder ein Priester, der nach dem Tod seiner Frau wieder unverheiratet bleibt. Das macht das Mönchtum zum großen Personalreservoir für die Leitung der Kirche. Wirklich in seinem Element ist der Bischof – wie jeder griechische Papás – aber im Gottesdienst. Im altslawischen „Cherubinischen Gesang" heißt es: „Die wir auf geheimnisvolle Weise die Cherubim darstellen und das ‚Dreimal Heilig' singen der Dreifaltigkeit, die uns Leben gibt: ihr sei Lob und Preis. Laßt uns nun alle irdischen Sorgen ablegen, denn wir wollen den König des Weltalls bei uns empfangen, den seine Engelscharen unsichtbar und machtvoll begleiten." In der orthodoxen Liturgie werden Zeit und Raum durchlässig. Wer glaubend an ihr teilnimmt, befindet sich im Kreis aller, die Gott anbeten. Dazu gehören nicht nur die hier und heute lebenden Menschen, sondern die ganze himmlische Hierarchie, die an keine Zeit gebunden, von keinem Raum begrenzt ist. Es ist eine uralte Dimension des christlichen Gottesdienstes, die in Europa und Nordamerika im Feuer kritischer Anfragen von Aufklärung und Rationalismus preisgegeben wurde.
Der Chor im orthodoxen Gottesdienst ist also nicht bloß ein aus menschlichen Stimmen geformtes Instrument, das mehr oder weniger kunstvoll erklingt (orthodoxe Kirchen verzichten bewußt auf andere Instrumente in der Kirche), der Chor ist vielmehr eine geheimnisvolle, mysteriöse Darstellung der Cherubim, jener geflügelten Engelwesen, die, wie es Texte im Alten Testament beschreiben, Gott in seiner Herrlichkeit unaufhörlich preisen.
Zu dem, was materiell in der Kirche vor Augen ist, muß man bei einem orthodoxen Gottesdienst also ständig hinzudenken, was „nur für die Augen des Glaubens" sichtbar ist: neben dem Priester und den Gläubigen die Väter des Glaubens, die Propheten und Apostel, die Heiligen und Märtyrer, die Engel und Erzengel. Die sichtbare Hierarchie setzt sich ins Himmel, in das Unsichtbare, in die Ewigkeit hinein fort. Und umgekehrt: Der Himmel reicht auf die Erde. Das Kirchengebäude, der Eingang zum Himmel, kann natürlich kein Vortragssaal sein wie bei den protestantischen Kirchen, wo mit der Predigt der Gottesdienst steht und fällt. In katholischen Kirchen wiederum muß Raum sein für die Choreographie des priesterlichen Dienstes am Altar, für Weihe und Wandlung während der Messe. Orthodoxe Kirchen dagegen verbergen das Allerheiligste vor den Augen der Frommen. Sie stellen eine Bilderwand vor die Gemeinde, auf der an vielen Beispielen sichtbar wird, wie Gott Menschen im Glauben begegnet ist (siehe Seite 91). Zweimal jedoch springen während der Feier der göttlichen Liturgie die Türen der Bilderwand auf. Beim „Kleinen Einzug" wird das Sakrament des Wortes, das Evangelienbuch, bis zur Mitte der Kirche zu Lesung und Gebet getragen: Begegnung mit der Botschaft. Der „Große Einzug" bringt der Gemeinde das Sakrament der Kommunion: Begegnung mit Christus. Die Kuppel, die sich bei jeder orthodoxen Kirche über dem Allerheiligsten erhebt, ist auf geheimnisvolle Weise Darstellung des Himmelsgewölbes, des Firmaments. Hier wird das Weltbild der Schöpfungsgeschichte, Genesis 1, zur Architektur. Die Farben sind immer Weiß, Gold, Rot: Farben des offenen Himmels. So geschieht eine wesentliche Umkehrung: Nicht die Welt, aus der wir kommen, sondern das Himmelreich ist die eigentliche Realität.
Wer die Liturgie mitfeiert, wird in diese Realität einbezogen und aufgenommen und kann so die Welt „hinter sich lassen". Verständlich, erklärbar muß ein solcher Gottesdienst nicht sein. Je mysteriöser die Liturgie, desto sicherer ist, daß sie „nicht von dieser Welt" ist. Besucher, die den Gottesdienst in griechischen Kirchen als altertümlich und fremdartig erleben, müssen verstehen lernen, daß das Mysterium das Lebenselement dieser Religiosität ist. *Ulrich Fick*

Der Autor ist evangelischer Pfarrer, arbeitete in Äthiopien und war 1973–1988 Generalsekretär des Weltbundes der Bibelgesellschaften.

Feiertage und Feste

1. Januar Neujahr
6. Januar Epiphanias. Religiöse Feiern mit Wasserweihe an den Inselhäfen.
Rosenmontag Die Kinder kostümieren sich, die Familien fahren zum Picknick ins Freie (auf Rhodos bevorzugt in den Rodiní-Park). Entsprechend dem Termin des Osterfestes liegt der Rosenmontag in vielen Jahren zeitlich anders als bei uns.
25. März Nationalfeiertag zur Erinnerung an den Beginn des griechischen Befreiungskampfes gegen die Türken am 25. März 1821. In allen Städten Paraden mit Schulkindern in Tracht.
Karfreitag Vor allem am Abend feierliche Prozessionen. Besonders interessantes Brauchtum in Archángelos auf Rhodos.
Ostern Das wichtigste Fest der Griechen. In der Nacht zum Ostersonntag Gottesdienst, um Mitternacht überall großes Feuerwerk. Am Ostersonntag Festmahl mit Lamm oder Zicklein am Spieß, bei gutem Wetter im Freien. Die interessantesten Osterbräuche findet man in Olympos auf Kárpathos. Ostern fällt in Griechenland nicht immer auf den gleichen Termin wie bei uns: zum Beispiel ist es 1990 am 15./16. 4., 1991 am 7./8. 4.
1. Mai Tag der Arbeit. Nach der Kundgebung am Morgen fährt man zum Picknick in die Natur.
15. August Mariä Entschlafung (Himmelfahrt). Vormittags geht man in die Kirche, danach wird mit Musik und Tanz gefeiert.
28. Oktober Nationalfeiertag zur Erinnerung an die Ablehnung eines Ultimatums Mussolinis durch die griechische Regierung im Jahre 1940, was den Kriegseintritt Griechenlands bedeutete. Paraden in den größeren Orten.
25./26. Dezember Weihnachten. Dieses Fest ist von weit geringerer Bedeutung als bei uns.
31. Dezember Silvester. Die Kinder ziehen singend durch die Straßen, die Männer widmen sich dem Glücksspiel.
Kirchweihfeste zu Ehren des Lokalheiligen feiert fast jedes Dorf. Der unterhaltsame Teil mit Musik, Tanz und großem Gelage auf dem Dorfplatz findet in der Regel schon am Vorabend des Patronatstages statt; am Feiertag selbst feiert die Gemeinde Gottesdienste und manchmal auch farbenprächtige Prozessionen.

IN GRIECHENLAND ZUHAUSE

Wir wissen, wo sich Hellas von seiner besten Seite zeigt, kennen die schönsten Plätzchen für Badeferien, sagen Ihnen, wo Familien besonders gut aufgehoben sind und bieten Ihnen Kinderermäßigungen auch in den Schulferien.

Für Freunde rustikaler Ferien haben wir den Urlaub in dörflicher Umgebung; Tatendurstige können mit uns auf Rundreise gehen und Inselhüpfen wird ebenfalls ganz groß geschrieben.

Ihr Sport vor Ort? Gewußt wo... mit JAHN REISEN! Sportliches Griechenland, klassisches Griechenland, Bade-Griechenland, Erlebnis-Griechenland oder alles zusammen – auch im Kombinieren Ihrer Urlaubswünsche helfen wir gern.

Apropos Urlaubswünsche: Damit Ihre Griechenland-Pläne keine Träume bleiben, haben wir die Preise ausgesprochen klein gehalten.

Bevor Sie Ihren nächsten Griechenland-Urlaub planen, sollten Sie in unseren großen Griechenland-Spezial-Katalog schauen – Sie erhalten ihn in Ihrem Reisebüro.

JAHN REISEN
EIN LTU UNTERNEHMEN

Einsenden an: **FRÖLICH & KAUFMANN**
Verlag und Versand GmbH, Willdenowstr. 5
1000 Berlin 65, Tel. 030 / 465 10 01

Ex.	Nr.	Stichwort	DM

Die Preise sind incl. MwSt. + DM 4,50 Versandkosten

☐ Post/Bankscheck lege ich bei DM_____
   incl. DM 4,50 Versandkosten
☐ Bitte Zusendung per Rechnung.

Name, Vorname

Straße, Nr.

Postleitzahl / Ort   M/RHODOS/89

KUNST-BROCKHAUS
Die 10 Bände umfassen alle Bereiche der bildenden Kunst auf der ganzen Welt: Malerei, Graphik, Bildhauerei, Architektur, Kunsthandwerk. Über 17000 Stichwörter, 2300 meist farbige Abb., 10 Bd., pb., 3520 Seiten. **DM 98,00 Versand-Nr. 00957**

KATALOG DER KATALOGE
informiert kostenlos und unverbindlich über Kunstbücher und Kataloge. **Versand-Nr. 4711**

FRÖLICH & KAUFMANN

EGON FRIEDELL
Kulturgeschichte Ägyptens und des alten Orients - Griechenlands und der Neuzeit. »Friedel schrieb, mit Vorsatz, eine persönliche Kulturgeschichte. Ein Geschichtswerk, das als planer Spiegel die Vergangenheit reflektieren wollte, erschien ihm ein absurdissimum...So wenig wie an die Möglichkeit, Geschichte 'objektiv' zu schreiben, glaubt er an die Möglichkeit, ihrer Kausalitäten logisch zu entwirren. Er wählt einen anderen Weg, in diese einzudringen; den des Künstlers, der die Fakten so formt und belichtet, daß in ihnen die Idee, die platonische Idee ihres Zeitalters, dessen 'Seele' erkennbar wird...« (Polgar) 4 Bd., zus. 2480 S. DM 60,00 **Nr. 19534**

LEXIKON DER ANTIKE DER KLEINE PAULY
Auf der Grundlage von Pauly's Realencyclopädie der classischen Altertumswissenschaft. Hg. von K. Ziegler, W. Sontheimer und H. Gärtner. »...Niemals wird der Benutzer mit trockenen Zusammenstellungen oder Literaturhinweisen abgespeist: jeder Beitrag ist ein lebendig geschriebener Forschungsbericht.« (Die Welt) 5 Bd. zus. 4020 S., mit 25 Abb. und Karten; 12700 Stichwörter, zahlr. Lit.-Angaben. DM 148,00 **Versand-Nr. 16489**

DER **Griechenland-Spezialist** Über 25 Jahre

Direkt-Flüge jede Woche
Athen, Kreta, Chania, Rhodos, Korfu, Samos
Kalamata, Kos, Saloniki, Zakynthos, Lesbos, Zypern

Kykladen-Jet jeden Donnerstag und Sonntag nach SANTORIN jeden Freitag nach MYKONOS

Nützen Sie die Erfahrung des größten deutschen Spezialveranstalters für Griechenland-Reisen und fordern Sie das Griechenland-Spezialprogramm an!

DER GRIECHENLAND SPEZIALIST & ZYPERN

ÜBER 25 JAHRE INTERCONTINENTAL

▶ Bis zu 70 Prozent Kinderermäßigung bei über 200 Hotels
▶ DORFURLAUB in Nea Styra/Euböa und Archangelos/Rhodos
▶ ISLAND WANDERING 31 Inseln zum Kombinieren für Individualisten

Über 315 Hotels am Festland und auf 45 Inseln erwarten Sie als Gast!

Jedes Jahr mit umfangreichem Studienreisen-Programm!

Intercontinental

Über 25 Jahre 8000 München 40 Türkenstraße 71
ISTS REISEN **089 23727-0**

Urwüchsige, romantische, am Meer oder im Dorf gelegene
FERIENHÄUSER/APPARTEMENTS/PENSIONEN
mit passenden, preiswerten Charterflügen, Mietwagen, Fährschiffen.
JASSU -SPEZIALBÜRO FÜR GRIECHENLAND-REISENDE Hartmut Matthias Burggraf
5300 Bonn 3, Obere Wilhelmstr. 31, Tel. 0228/469304, TX 885282 burg d

Bad Reichenhall
Die Kur im Alpenklima

...auf zur Gesundheit

Information: Kurverein e.V. • Postfach 2206
8230 Bad Reichenhall • Telefon 08651/3003

HAUSER-REISEN

Wandern, Trekken, Bergsteigen, Wildwasserfahren, Reiten, Hochseesegeln. Wir bieten Ihnen Außergewöhnliches abseits der Touristenpfade.

GRIECHENLAND

10 verschiedene Touren führen Sie zu den bedeutenden historischen Stätten des griechischen Festlandes und zahlreicher Inseln und – **die Besonderheit aller unserer Reisen –**
in die Einsamkeit der Bergwelt, zu zauberhaften Landschaften und zu malerischen Dörfern.

Sie reisen in kleinen Gruppen mit geschulter Reiseleitung und sind somit ein überall gerngesehener Gast.

Hauser Exkursionen international | Marienstraße 17/F 8000 München 2 Tel. (089) 235006-0 | BITTE UNTERLAGEN ANFORDERN!

MERIAN ✱ *Antiquariat*   Die Fundgrube für vergriffene
Bitte fordern Sie kostenlose Antiquariatsliste an: **MERIAN-Hefte**
Haldenwiesenstraße 25 · 7333 Ebersbach · Telefon (07163) 2247

BEI ALLEN ANFRAGEN
beziehen Sie sich bitte auf diese MERIAN-Ausgabe Rhodos · Dodekanes.
Man wird Sie dann besonders rasch informieren.

WANDERUNGEN AUF AUSGESUCHTEN GRIECHISCHEN INSELN

Aus 4 europäischen Ländern flogen 1989 die Chartermaschinen nonstop nach Karpathos. Im Staub der Großbaustelle Pegadia sind Land und Leute kaum noch auszumachen. Nur noch einmal im Jahr suche ich nach den Resten des alten Karpathos.
Infos: Hermann Richter, Kemeler Weg 15, 5429 Reckenroth, Telefon 06120/8651

IN WÜRZBURG
GESCHICHTE ERLEBEN.

In einer herausragenden Sonderausstellung auf der Festung Marienberg. Mit hervorragenden Kunstwerken vom Mittelalter bis zur Gegenwart. In Würzburg, der erlebenswerten Stadt, deren Geschichte untrennbar mit Kilian, aller Franken Patron, verbunden ist.

Einfach anrufen, damit wir Ihnen eine Übersicht schicken können.

WÜRZBURG

Fremdenverkehrsamt · 8700 Würzburg · Telefon 0931/37335

Studienferien auf der Roseninsel des Sonnengottes Apoll.

Bei Studienferien oder Wanderstudienferien verbinden Sie auf angenehme Art die spannende Begegnung mit der Kultur und den Menschen der Insel und der zum Nachdenken und Entspannen anregenden Ruhe. So können sie Rhodos in seiner ganzen Vielfalt begreifen. Und auf eigenen Wunsch mit einem erholsamen Badeaufenthalt verbinden.

Studienferien Rhodos

Die **Studiosus Reiseleiter** sind es, die Ihnen die Kultur, die Geschichte, die Natur, die Sehenswürdigkeiten und die Menschen dieser Insel in einem unverwechselbaren Stil nahebringen.

Verlangen Sie den großen Studiosus Studienreisenkatalog mit den ausführlichen Griechenland-Seiten in **jedem guten Reisebüro** oder bei

Studiosus
Studienreisen

Postfach 202204, 8000 München 2, Telefon 089/500600

PANORAMA

Im Panorama von MERIAN wird auf die Planquadrate der großen MERIAN-Karte sowie auf Beiträge und Fotos im Heft verwiesen.

♦

RHODOS

1398 km², 90000 Ew., davon ca. 40000 Ew. in der gleichnamigen Inselhauptstadt. Die Landschaft ist überwiegend hügelig, steigt aber im Attáviros auf 1215 m und im Profítis Ilías auf fast 800 m Höhe an. Breite Trockenflußtäler, die nur im Winter etwas Wasser führen, durchschneiden einige der östlichen Küstenebenen. Vor allem in der Nordhälfte der Insel gibt es noch schöne Wälder. Botanisch liegt Rhodos an einer Schnittstelle zwischen zentralmediterraner und kleinasiatischer Vegetation. Typische Bäume sind Aleppokiefer, Zypresse, Wacholder, Kermeseiche und Erdbeerbaum. Besonders auffällige Pflanzen sind Zistrose, Ginster, Affodill, Agave und Feigenkaktus. Auf Rhodos gedeihen mehrere Iris- und Orchideenarten. In der Phrygana findet man Kräuter und Duftpflanzen.
Um 1100 v. Chr. machen die Dorer die mykenischen Burgen von Líndos, Ialysós und Kamíros zu Mittelpunkten selbständiger Kleinstaaten. Sie schließen sich etwa um 700 v. Chr. mit Kós und den kleinasiatischen Städten Knídos und Halikarnássos zum Sechsstädtebund (Hexapolis) zusammen. In den Perserkriegen 490–479 v. Chr. unterwerfen sich die rhodischen Städte den Persern. Nach deren Niederlage schließt sich die Insel dem von Athen beherrschten Attisch-Delischen Seebund an. 408 v. Chr. befreit sich die Insel vom athenischen Joch. Der Adel der drei alten Städte gründet die gemeinsame neue Stadt Rhodos, die nach dem Vorbild von Piräus schachbrettartig angelegt wird. Ihr guter Hafen und ihre nahezu unbezwingbaren Mauern lassen Rhodos zu einem Zentrum des antiken Welthandels aufsteigen. 305/304 v. Chr. widerstehen die Rhodier einer Belagerung durch einen der Nachfolger Alexanders des Großen. Zur Erinnerung an diesen Sieg lassen sie den Koloß von Rhodos errichten, eines der sieben antiken Weltwunder. 227 oder 224 v. Chr. stürzt er bei einem Erdbeben ins Meer.
Um 200 v. Chr. wird Rhodos zum Verbündeten Roms. 168 v. Chr. bleibt es jedoch im Kampf Roms gegen den makedonischen König Perseus neutral. Daraufhin erklären die Römer die Kykladeninsel Délos zum Freihafen, die Zolleinnahmen in Rhodos gehen von 1 Mill. Drachmen schlagartig auf 150000 Drachmen zurück. In der Kaiserzeit erlebt Rhodos als freie Stadt im Römischen Reich noch einmal einen wirtschaftlichen Aufschwung. Nach einem venezianischen, einem byzantinischen und einem genuesischen Zwischenspiel landen 1306 die Johanniter auf Rhodos. 1309 ist die ganze Insel in ihrer Hand. Am 1. 1. 1523 wird Rhodos für die nächsten 389 Jahre dem Osmanischen Reich einverleibt.
Im Verlauf des italienisch-türkischen Krieges (1911/12) besetzen die Italiener am 4. 5. 1912 Rhodos. Im Vertrag von Lausanne wird ihnen 1923 offiziell die Herrschaft über den Dodekanes zugesprochen. Die Italiener bauen Straßen, fördern Archäologie und Tourismus. Bereits 1934 verzeichnet die Insel 60000 Besucher. 1943 lösen Deutsche die Italiener als Besatzungsmacht ab. Die jüdische Gemeinde von Rhodos wird ausgelöscht, über 1800 rhodische Juden werden in Konzentrationslagern ermordet. 1945 befreien Briten die Insel, am 31. 12. 1947 wird Rhodos griechisch. (A/E I/VII, S. 20, 46, 80, 118)

Arehángelos hat seinen ursprünglichen Charme bewahrt

Trutzburg der Johanniter im Süden bei Monólithos

Archángelos (3300 Ew.) Das größte Dorf der Insel ist trotz zunehmendem Fremdenverkehr noch recht ursprünglich geblieben. Sehenswert sind die Hauptkirche Archángelos Michail (1845) mit geschnitzter Ikonostase und die Ruine der Johanniterburg (1467). (D IV)

Attáviros Der höchste Berg der Insel (1215 m) kann von Émbonas aus in ca. 3–4 Stunden bestiegen werden; feste Stiefel, Sonnenhut und lange Hosen sind notwendig. Der Höhenunterschied beträgt etwa 1000 m. In Gipfelnähe sieht man die Reste eines minoischen Heiligtums. (B IV)

Charáki Wenige Gehminuten von diesem eher reizlosen Dorf an der Ostküste entfernt steht auf einem markanten Tafelberg die Burgruine von Féraklos. Hier errichteten die Johanniter 1306 ihren ersten Stützpunkt auf Rhodos, 1470 wurde die Burg ausgebaut, 1523 als letzte den Osmanen übergeben. (D IV)

Émbonas Das große Bergdorf liegt am Hang des Attáviros. Die Bevölkerung lebt vom Weinanbau, der Viehzucht und vom Tourismus. (B IV)

Eptá Pigés Hier entspringen in einem dichten Waldgebiet sieben Quellen. Ein Lokal bietet an heißen Tagen einen Ruheplatz unter mächtigen, schattigen Platanen. (D III)

Faliráki Der Badeort mit seinen Großhotels ist ein Touristenzentrum – sonst nichts. (E II/III)

Filérimos/Ialysós Vom großen Dorf Triánda aus, das an der Stelle der antiken Stadt Ialysós liegt, führt eine 5,5 km lange Stichstraße auf den Filérimos (267 m) mit Überresten eines Tempels aus dem 3. oder 2. Jh. v. Chr., einer frühchristlichen Basilika (5. oder 6. Jh. n. Chr.) und byzantinischer Kirche. Dorisches Brunnenhaus (4. Jh. v. Chr.) am Südhang des Berges. (D II)

Abseits: Kássos wird nur von wenigen Fremden besucht

haine in den Küstenebenen sowie Phrygana auf dem Tuffplateau und auf der Kéfalos-Halbinsel. Durch seine zentrale Lage eignet sich Kós besonders gut als Ausgangspunkt für Tagesausflüge auf andere Inseln. Kós ist die Insel des Hippokrates, der hier 460 v. Chr. geboren wurde. Kós war zu jener Zeit gerade dem Attisch-Delischen Seebund beigetreten. Der noch heute bestehende Inselhauptort wurde erst um 366 v. Chr. neu gegründet. Eine wichtige Einnahmequelle war die Produktion feiner, transparenter Seidengewänder.
In römischer Zeit gehörte Kós zur Provinz Asia. Neue Bauten entstanden. 554 zerstörte ein Erdbeben die Stadt, die daraufhin nie wieder Bedeutung erlangte. 1309 machten sich die Johanniter zu neuen Herren über die Insel und bauten 1391–1396 die Stadt wieder auf. 1523 lösten die Türken sie als Fremdherrscher ab. Noch kurz nach dem Zweiten Weltkrieg war die Hälfte der Inselbevölkerung türkisch; nach dem Zypern-Krieg von 1974 haben fast alle Türken Kós verlassen.
Der Tourismus ist der bedeutendste Wirtschaftsfaktor der Insel. Die Bauern betreiben Viehzucht, bauen Wein, Zitrusfrüchte, Oliven und Tomaten an. Die medizinische Tradition wird im Ärztekongreßzentrum nahe dem Asklipion gepflegt. (G/H II/III, S. 31, 116)

Ágios Stéfanos Am schönen, 2 km langen Sandstrand von Ágios Stéfanos verschandelt ein Feriendorf die Landschaft. Der Küste vorgelagert sind kleine, unbewohnte Felsinselchen. Im Nordosten des Strandes sind die Ruinen einer frühchristlichen Basilika (5. Jh.) zu sehen. Im Südwesten des Strandes liegt das kleine Fischerdorf Kamári. (G/H III)

Antimáchia (ca. 1200 Ew.) Das große Dorf im Inselinnern nahe dem Flughafen besitzt die einzige intakte Windmühle der Insel. Außerhalb des Ortes oberhalb der Schwemmlandebene von Kardámena liegt einsam eine Anfang des 15. Jhs. erbaute Johanniterburg, deren Außenmauern noch gut erhalten sind. (H III)

Asklipion Das antike Heiligtum des Heilgottes Äskulap liegt in einem grünen Idyll, das nur durch die Rauchsäulen einer nahen Müllkippe gestört wird. Am besten nähert man sich vom nahen, bis 1974 noch überwiegend von Türken bewohnten Dorf Platáni aus durch eine eindrucksvolle Platanenallee zu Fuß (Gehzeit ca. ½ Stunde). Das Asklipion wurde im 4. Jh. v. Chr. erstmals erbaut; die meisten Überreste stammen aus hellenistischer und römischer Zeit. (H III, S. 114)

Kardámena (1200 Ew.) Das einstige Fischerdorf an der Nordküste ist ein am Rande seiner Kapazitäten angelangter, lauter Urlaubsort. Schön sind der Sandstrand und der Blick auf die Nachbarinsel Níssiros. (H III)

Kéfalos-Halbinsel Zentrum der 11 km langen und bis zu 6 km breiten, bergigen Halbinsel, deren Name „Kopf" bedeutet, ist das 2000 Ew. zählende Dorf **Kéfalos**. Von hier aus führt eine asphaltierte Panoramastraße zum verlassenen Kloster Ágios Joánnis Theológos hoch über der Ostküste; auf einem befahrbaren Feldweg kommt man hinunter zur stillen Badebucht Limniónas. (G III)

Kós-Stadt Zwischen den Wohnhäusern liegen ausgedehnte Flächen mit Resten aus der Antike, stehen die Moscheen aus der türkischen und die Verwaltungsbauten aus der italienischen Besatzungszeit. Am fast kreisrunden, großen Hafenbecken ragt die Burg der Johanniter empor. Der Zugang zur Burg (15. Jh.) beginnt an der Platane des Hippokrates. Unter diesem angeblich über 2000 Jahren alten, noch immer grünenden Baum soll der große Arzt gelehrt haben. Gleich neben der Platane steht die Moschee Hadji Hassan Pascha (1785) mit einem Reinigungsbrunnen, dessen Kuppel auf korinthischen Säulen ruht. Im Osten des Platzes gibt sich Kós mit dem italienischen Polizeigebäude romantisch-orientalisch, im Norden grenzt die antike Agorá an den Hippokrates-Platz. Die Agorá wiederum wird im Westen vom Freiheitsplatz (Platía Eleftherías) mit der Deftedar-Moschee (1725) begrenzt. In unmittelbarer Nähe liegen das Marktgebäude und das sehenswerte Archäologische Museum.
Vom Freiheitsplatz aus führt eine den Fußgängern vorbehaltene Gasse in die Altstadt mit einem originellen Minarett und einem ehemaligen türkischen Bad (Anatolia Hamam), das in ein einfaches Restaurant umgewandelt wurde. Von dort aus sind es nur ein paar Schritte ins frei zugängliche Ruinenfeld des antiken Gymnasions, das an die Hauptverkehrsstraße Grigoríou E' grenzt. An ihr liegen das Odeon, die Casa Romana und geringfügige Spuren der antiken Akropolis von Kós. (H II, S. 31, 84, 115)

Ziá Ziá ist das schönste von mehreren kleinen Dörfern am Nordhang des Díkeos, den man von hier aus besteigen kann. (H III)

LÉROS

52 km², 1500 Ew. Die ziemlich grüne, an ihrem höchsten Punkt nur 327 m hohe Insel hat in Griechenland keinen guten Ruf: Sie beherbergt die größte psychiatrische Klinik des Landes, war während der italienischen Besatzungszeit wichtigster Marinestützpunkt Italiens in der Ägäis und während der Junta-Zeit (1967–1974) Standort eines der größten Gefängnisse für Regimegegner. Der

Eine archäologische Sehenswürdigkeit: das Asklipion auf Kós

Selten: Einsamer Strand im Nordwesten von Kalímnos

Typisch italienisch: Rathaus und Gouverneurspalast von Póthia

ASTIPÁLEA

97 km², 1100 Ew. Die westlichste Insel des Dodekanes gehörte – wie die Kykladen – bis zur Eroberung durch die Türken (1537) italienischen Adelsgeschlechtern. So wirkt die gleichnamige Hauptstadt unterhalb der auf einem Felskegel gelegenen Burgruine mit ihren weißen, kubischen Häusern denn auch wie ein kykladisches Dorf. Sie ist inzwischen mit dem tiefer liegenden Hafenort nahtlos zusammengewachsen. Weite Teile der Insel sind noch nicht durch Straßen erschlossen und bieten sich für einsame Wanderungen an, etwa zum bewohnten Kloster **Ágios Ioánnis** an der Westküste. (F III/IV, S. 28)

CHÁLKI

28 km², 380 Ew. Die steinige, bis zu 593 m hohe Insel wird nur selten von Fremden besucht. Ihre Bewohner, Fischer und Viehzüchter, leben im Hafenort **Emboriós**. Bis um die 50er Jahre verdienten viele mit Schwammtauchen ihr Geld. Unübersehbar: der Uhrturm und das Rathaus. 3,5 km landeinwärts liegt unterhalb der verfallenden Johanniterburg (14. Jh.) das verlassene Dorf **Chorió**. (J IV)

KÁLIMNOS

111 km², 13 200 Ew. Das gebirgige, bis zu 678 m hohe Kálimnos ist die Heimat der letzten 300 griechischen Schwammfischer.

Póthia zählt zu den lebhaftesten und ursprünglichsten ägäischen Inselstädten mit markanten italienischen Verwaltungsbauten und einem kleinen archäologischen Museum. Lohnende Ausflugsziele: das Tal von Vathí mit Tausenden von Apfelsinen-, Mandarinen- und Zitronenbäumen und einem fast 2 km langen Fjord; die Ruinen der verlassenen mittelalterlichen Inselhauptstadt mit den Mauern einer großen Johanniterburg (14. Jh.); die Klöster Ágia Ekateríní, Ágion Pánton, Evangelismoú und Panteleímonos und die landschaftlich sehr schön gegenüber der Insel **Télendos** gelegenen Badeorte **Mirtiés** und **Masoúri**. Westlich von Póthia stehen direkt an der Hauptstraße die Reste einer frühchristlichen Basilika (5. Jh.). (G/H II, S. 30, 62)

KÁRPATHOS

301 km², 5400 Ew. Die nur dünn besiedelte, bis zu 1215 m hohe Insel wird erst seit den 80er Jahren touristisch erschlossen.

Ólympos Im Nordteil der Insel haben sich in diesem Bergdorf alte Traditionen besonders gut erhalten. Ólympos erreicht man am besten vom kleinen Hafen- und Badeort **Diafáni** aus. Die einzige Verbindungsstraße in den Südteil der Insel ist noch nicht befestigt und führt kurvenreich an tiefen Abgründen entlang.

Pigádia Im Süden liegt die Inselhauptstadt. Berge rahmen das Städtchen ein. An ihren Hängen liegen stille Bergdörfer wie **Menetés**, **Apéri** und **Óthos**, in denen das Leben noch seinen traditionellen Gang geht. Die Grundmauern, Säulen und Mosaiken von frühchristlichen Basiliken bei Pigádia (6. Jh.) und Arkési (um 500) sind die einzigen Sehenswürdigkeiten. (H/J VI/VII, S. 30, 50, 52, 58, 80, 113)

Lohnend: Das Kloster Ágios Ioánnis auf Astipálea

KÁSSOS

66 km², 1000 Ew. Die sechs Dörfer der nahezu baumlosen Insel liegen alle am Rande des einzig fruchtbaren Tals in der Mitte des bis zu 601 m hohen Eilands. Weil aber selbst dieses Tal von See her recht unwirtlich aussieht, verläßt hier kaum einmal ein Fremder das Schiff – was dem Reiz von Kássos nur gut tut. (H VII)

KASTELLÓRIZO

9 km², 220 Ew. Die östlichste Insel Griechenlands, 130 km von Rhodos entfernt dicht vor der türkischen Stadt Kaş gelegen, hatte noch vor 50 Jahren 14 000 Einwohner. Nach einem schweren deutschen Luftangriff im Zweiten Weltkrieg und dem Anschluß an Griechenland wanderten die meisten Bewohner nach Australien aus.

Megísti Der einzige Inselort gleicht weitgehend einer Geisterstadt, ist aber gepflegt und hat durchaus seine Reize. Am Ortsrand liegen das Museum, die Johanniterburg und ein lykisches Felsgrab (4. Jh. v. Chr.), eine Gehstunde oberhalb des Hafens die Reste der mittelalterlichen Siedlung und der antiken Akropolis. (N IV, S. 18, 120)

KÓS

290 km², 16 000 Ew., davon ca. 8000 Ew. in der gleichnamigen Inselhauptstadt. Die langgestreckte Insel wirkt ausgesprochen flach und lieblich. Der größte Teil der Insel wird von einem niedrigen Tuffplateau gebildet. Nur im Osten findet sich mit der bis zu 846 m hohen, steil nach Süden ins Meer abfallenden Díkeos-Kette die für die griechischen Inseln so bezeichnende Bergwelt; im äußersten Südwesten steigt die Insel auf der Kéfalos-Halbinsel noch einmal auf 428 m Höhe an. Wälder gibt es kaum; typisch für die Insel sind große Oliven-

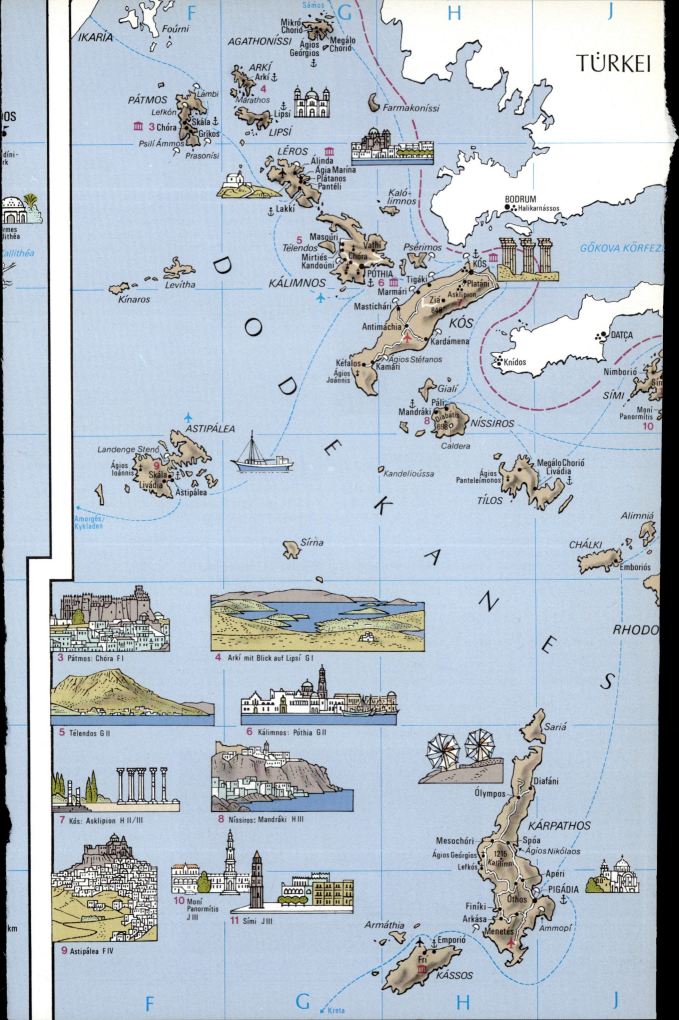

PANORAMA

Mandráki-Hafen von Rhodos-Stadt: Start und Ziel für Segeltörns

Kallithéa Auf einer felsigen Landzunge nur 10 km südlich der Stadt erbauten die Italiener eine orientalisch anmutende Thermalbadeanlage, die allerdings nicht mehr in Betrieb ist. (E II/III)

Kamíros Die Ruinen dieser kleinsten der antiken rhodischen Städte liegen in einem fruchtbaren Gebiet an der Westküste. In der Umgebung wurden zahlreiche Nekropolen entdeckt. Am Bootshafen Kamíros Skála, von dem aus Linienboote zur Insel Chálki verkehren, gibt es nicht nur gute Fischtavernen, sondern an einer Felswand auch Reliefs eines unvollendeten hellenistischen Grabes. Oberhalb von Kamíros Skála liegen die Ruinen der Johanniterburg von Kamíros (1472). (B III)

Kattaviá Das südlichste Dorf der Insel blieb bisher vom Tourismus verschont. Sehenswert ist die Kímisis Theotókou-Kirche mit Wandmalereien aus dem 16.–19. Jh. (A VI)

Líndos Von seiner Lage und architektonischen Geschlossenheit her der schönste Ort auf Rhodos. Líndos liegt auf einem Sattel zwischen den Inselbergen und einem felsigen Kap, das von den Resten der antiken Akropolis und der mittelalterlichen Johanniterburg eingenommen wird. Im Norden grenzt es an eine sichelförmige Bucht mit feinem Sandstrand; im Südosten reicht es bis an die Paulusbucht heran, die von Felsen fast völlig gegen das offene Meer hin abgeschirmt wird. Sehenswert sind außer der Akropolis die Kirche der Panagía im Ortszentrum (Wandmalereien 17./18. Jh.), das antike Theater am Fuß des Burgbergs (4. Jh. v. Chr.) und ein hellenistisches Mausoleum um 100 v. Chr., das „Grab des Kléoboulos" genannt, 45 Gehminuten entfernt auf der Landzunge gelegen, die die Hauptbucht von Líndos nach Norden abschließt. (D V, S. 70, 114)

Messanagrós Außerhalb dieses sehr ursprünglichen Bergdorfes im Süden der Insel liegen die Ruinen von fünf frühchristlichen Basiliken sowie das Kloster Skiádi (18./19. Jh.). (B VI S. 26)

Petaloúdes (Schmetterlingstal) Im Schmetterlingstal von Rhodos lebten bis vor kurzem im Juli und August Tausende von „Spanischen Flaggen" (*Callimorpha quadripunctaria*), die wohl von den nur hier gedeihenden Amberbäumen (*Liquidambar orientalis*) angezogen wurden. Durch den Tourismus ist ihre Zahl stark zurückgegangen. (D II/III)

Rhodos-Stadt Der Ort ist in drei Teile gegliedert. Den historischen Kern bildet die von einer 4 km langen Mauer (Ende des 15. Jhs.) umgebene Altstadt. Im Norden entlang des Ufers schließt sich das Viertel mit den Prunkbauten aus der italienischen Besatzungszeit an. Um diese beiden Viertel herum zieht sich die Neustadt mit ihren vielen Hotel-, Geschäfts- und Wohngebäuden. Das touristische Treiben spielt sich im Ritterviertel und auf der Einkaufsachse ab, die vom Amboise-Tor zum Ekateríni-Tore führt und deren Zentrum die Sokrates-Straße bildet. In den Nebengassen ist das Flair der Ritter- und Türkenzeit dagegen noch spürbar. An kleinen, stillen Plätzen stehen Kirchen und Moscheen, Stützbögen überspannen mittelalterliche Häuserschluchten, geöffnete Türen lassen in grüne Innenhöfe sehen. Nahe dem Koskinoú-Tor haben sich zwei alte Windmühlen erhalten, am Ariónos-Platz ist ein großes türkisches Bad noch in Betrieb.
Bedeutende historische Sehenswürdigkeiten: Die Ritterstraße, die vom Großmeisterpalast zum Museumsplatz führt, und an der die restaurierten Herbergen der verschiedenen Landsmannschaften des Ordens liegen; das Ordenshospital, in dem das Archäologische Museum untergebracht ist; die Süleiman-Moschee am oberen Ende der Sokrates-Straße (1808 erbaut). Am Zugang zur Altstadt vom Mandráki-Hafen her liegen die spärlichen Reste eines Aphrodite-Tempels (3. Jh. v. Chr.). Der Mandráki-Hafen ist das malerischste von drei Hafenbecken. Hier steht die von den Italienern erbaute Néa Agorá, der Neue Markt. Außerdem von den Italienern geschaffen: die Evangelismós-Kirche (1925) und die direkt daran anschließende Bischofsresidenz. Am Stadtrand liegen auf dem Monte Smith die Reste der antiken Akropolis (3. und 2. Jh. v. Chr.) sowie im Rodíni-Park einige antike Felsgräber. (Nebenkarte S. 133; S. 7, 34, 80, 114)

Tsambíka Auf einem steilen Berg an der Ostküste steht das verlassene Tsambíka-Kloster. Es ist vor allem am Samstag vor dem dritten Fastensonntag ein beliebter Pilgerort. Die Marien-Ikone soll unfruchtbaren Frauen helfen – darum gibt es auf Rhodos so viele Menschen, die Tsámbikos oder Tsambíka heißen. (D IV)

AGATHONÍSSI

13 km², 160 Ew. Die Insel wurde nach langer Verödung erst 1810 von patmischen Bauern neu besiedelt. Es gibt drei Weiler: die Hafensiedlung **Ágios Geórgios** sowie das jeweils etwa 10 Gehminuten landeinwärts gelegene **Megálo Chorió** und **Mikró Chorió**. Die Bewohner betreiben Viehzucht und Fischfang. (G I)

ARKÍ

7 km², 45 Ew. Auf der kargen Insel gibt es nur ein Dorf und keinen Strom. Man wohnt privat oder in einer Pension auf dem Inselchen **Maráthos**. (G I

Die Stadtmauern von Rhodos sind ein Relikt der Ritterzeit

Tiefe Buchten wie bei Pantéli gibt es viele auf Léros

Zufluchtsort: Das 800jährige Johannes-Kloster auf Pátmos

Hafenort **Lakkí** wird von italienischen Bauten und inzwischen viel zu breiten Straßen geprägt. Schöner ist der Hauptort **Plátanos** unterhalb einer mächtigen Johanniterburg mit den nahen Küsten- und Badeorten **Pantéli, Bromólithos** und **Agía Marína.** Beliebtester Ferienort ist **Álinda** wegen seines schönen Strandes. (G II, S. 12, 31)

LIPSÍ

16 km², 600 Ew. Die Insulaner sind überzeugt, daß hier Odysseus Kalypso begegnet ist. Mittelpunkt des Hauptortes **Lipsí** ist die 1931 mit Auswandererhilfe erbaute große Panagía-Kirche. Die Insel besitzt mehrere kleine alte Kirchen und zwei Einsiedeleien. Die Ikone der Marienkirche gilt als wundertätig. (G I)

NÍSSIROS

41 km², 1250 Ew. Die Insel ist ein einziger Vulkan. Seine grünen Hänge steigen vom Meer aus sanft zum bis zu 698 m hohen Kraterrand an und stürzen dann steil in die Caldera ab, deren Boden nur etwa 200 m über dem Meeresspiegel liegt. In der 3,5 km langen und 1,5 km breiten Caldera steigen aus kleinen Kratern und Kegeln Schwefeldämpfe auf, Schlamm und Wasser blubbern. Auf dem Kraterrand liegt **Emporió,** das Leben konzentriert sich auf die Küstenorte **Mandráki** und **Páli.** Zwischen beiden liegt die Thermalbadeanlage, mit EG-Geld erbaut. Oberhalb von Mandráki stehen eine kleine Johanniterburg (1315) und – etwas weiter entfernt – die sehr gut erhaltenen Stadtmauern der antiken Siedlung aus dem 4. Jh. v. Chr. (H III/IV, S. 22, 24, 30)

PÁTMOS

34 km², 2400 Ew. Pátmos ist die heilige Insel Griechenlands. In einer Felsgrotte oberhalb des Hafens diktierte Johannes seinem Schüler Prochoros im Jahre 95 die Apokalypse. Mauerreste aus dem 4. Jh. v. Chr. auf dem Kastélli-Hügel bei Skála. Fast 1000 Jahre später, 1088, überließ Kaiser Alexios I. Komnenos die inzwischen menschenleere Insel dem Mönch Christódoulos, der hier das Johanneskloster gründete. Durch Schenkungen und Privilegien wurde es reich und berühmt. Die Johanniter tasteten die Autonomie der Klosterinsel nie an; die Türken erhoben Tribut, ließen sich aber nicht auf Pátmos nieder. Zwischen dem 16. und 19. Jh. kamen die Patmier durch Seefahrt und Handel zu Wohlstand. Der Reiz der wellig-hügeligen Insel mit maximal 269 m Höhe liegt in ihrer Prägung durch das Meer: Schmale, flache Isthmen, deren engster nur 300 m breit ist, halten die vier Inselteile zusammen. An mehreren Buchten liegen schöne Strände. Das Dorf **Chóra** rund ums Johanneskloster mit seinen engen Gassen ist blendend weiß gekalkt, im Hafenort **Skála** herrscht buntes Treiben. Neben dem Johanneskloster und der Grotte der Heiligen Offenbarung sind auch die drei Frauenklöster der Insel und das Simandíri-Haus in der Chóra, ein Herrenhaus aus dem 17./18. Jh., besuchenswerte Ziele. (F I/II, S. 31, 88, 92)

PSÉRIMOS

17 km², 100 Ew. Die kleine Fischerinsel mit einem einzigen Dorf ist wegen ihres guten Sandstrandes ein beliebtes Ausflugsziel für Einheimische und Urlauber aus Kós und Kálimnos. (H II)

SÍMI

58 km², 2400 Ew. Die gebirgige, bis zu 616 m hohe Insel zählte im vergangenen Jahrhundert noch über 20000 Einwohner, die ihr Brot mit dem Schiffsbau, dem Seehandel und der Schwammfischerei verdienten. (S. 116)

Sími Der Inselhauptstadt sieht man den früheren Wohlstand noch an, obwohl die meisten großen Herrenhäuser heute leerstehen oder als Ferienhäuser vermietet werden. Wohnen kann man auch im grünen Tal von **Pédi** oder in der Sommersiedlung **Nimborió.** Das bedeutendste Ausflugsziel der Insel ist das große Kloster Panormítis (heutiger Bau aus dem 18. Jh.). (J III, S. 16, 30, 110, 117)

TÉLENDOS

5 km², 50 Ew. Die kleine Fischerinsel vor der Küste von Kós, weitgehend unerschlossen, besteht aus einem 458 m hohen Berg und einer kurzen, flachen Landzunge, auf der die winzige, gleichnamige Siedlung liegt. Ständig pendeln Boote hinüber nach Mirtiés auf Kálimnos (10 Min. Fahrt). (G II)

TÍLOS

63 km², 300 Ew. Die kaum von Fremden besuchte, bis zu 651 m hohe gebirgige Insel gibt sich nach außen abweisend: Nur ein paar Häuser des Hafenortes **Livádia** sind von See aus sichtbar: Die beiden Dörfer der Insel liegen in den Bergen verborgen: **Mikró Chorió** ist seit 1967 menschenleer, **Megálo Chorió** ist seit dem Mittelalter das Hauptdorf. Wanderziele sind sieben mittelalterliche Burgen und das verlassene Kloster Panteleímonos (14. Jh.). (H/J IV, S. 30)

Das Dorf Mikró Chorió auf Tílos ist seit 1967 unbewohnt

DAS NÄCHSTE MERIAN

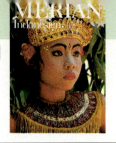

Nicht alle Vulkane Javas spucken Feuer: Den Bromo im Tengger-Gebirge kann man sogar besteigen

Metropole Jakarta: Stadt und Dorf in einem

Bali: ein anderes Wort für Paradies

Tanah Air – Wasser und Land nennen die Indonesier das Reich ihrer 13 677 Inseln, von denen jede einzelne einen unwiderstehlichen Reiz hat: Java mit seinen brodelnden Vulkanen und einer uralten hinduistisch und buddhistisch geprägten Zivilisation; Bali mit smaragdgrünen Reisterrassen, endlosen Sandstränden, Tempeln und Tänzern; Sulawesi mit den Riten seiner animistischen Hochlandbewohner; Sumatra mit den vielen verschiedenen Volksstämmen; die Molukken, einst als Gewürzinseln von Portugiesen und Niederländern heiß umkämpft; Kalimantan mit seinem Regenwald; Irian Jaya mit den schneebedeckten Gebirgen und mit Menschen, die fast noch in der Steinzeit leben. Indonesien, das größte muslimische Land der Welt, von seiner Vielfalt her eigentlich ein Kontinent, bietet eine unendliche Fülle unvergeßlicher Eindrücke.

Die folgenden fünf MERIAN-Hefte: Schwarzwald; Mexiko; München; Kreta; Madrid. Die letzten sechs MERIAN-Hefte: Island; Berlin; Dalmatien · Istrien; Sylt · Amrum · Föhr; Tirol; Prag

IMPRESSUM

MERIAN – das Monatsheft der Städte und Landschaften

Herausgeber: Dr. Will Keller

Chefredakteur:
Manfred Bissinger

Stellvertretende Chefredakteure:
Dr. Erwin Brunner (Text)
Max Scheler (Bild)

Geschäftsführende Redakteurin:
Dr. Barbara Beuys

Redakteure:
Hans-Joachim Györffy
Dr. Rolf Hosfeld
Tibor M. Ridegh
Erika Schmied
Helga Thiessen
Hans Markus Thomsen

Bildredaktion: Eva M. Ohms
Hanni Rapp

Dokumentation:
Reinhard Hoheisel-Huxmann
Dr. Franklin Kopitzsch

Layout: Astrid Borowski (Leitung)
Dora Reale, Ina Reineke

Herstellung: Rüdiger Mohrdieck

Anzeigenleitung: Helmut Metz

Anzeigenstruktur: Bernd Knospe

Leser-Service: Evelyn Ch. Nagel

MERIAN erscheint monatlich im Hoffmann und Campe Verlag, Harvestehuder Weg 45 · 2000 Hamburg 13 · Tel. 44188-1 · Telefax: 44188310 · Tel. Leserservice: 27170 · FS 0214259 · Anzeigen-Abteilung: Poßmoorweg 1, 2000 Hamburg 60, Tel. 2717-0, FS 0213214 · Zur Zeit gültige Anzeigenpreisliste Nr. 28 · Das vorliegende Heft September 1989 ist die 9. Nummer des 42. Jahrgangs · Diese Zeitschrift und alle in ihr enthaltenen einzelnen Beiträge und Abbildungen sind urheberrechtlich geschützt. Jede Verwertung außerhalb der engen Grenzen des Urheberrechtsgesetzes bedarf der Zustimmung des Verlages · Keine Haftung für unverlangt eingesandte Manuskripte und Fotos · Bezug über den Buch- und Zeitschriftenhandel, die Postanstalten und den Verlag, der auch Liefermöglichkeiten im europäischen Ausland und in Übersee nachweist · Preis im Abonnement monatlich 9,40 DM, zuzüglich 1,50 DM Versandkosten bei Zustellung frei Haus · Der Bezugspreis enthält 7 Prozent Mehrwertsteuer · Kündigungen sechs Wochen zum Ende des Bezugsquartals · Postgirokonto Hamburg 299453-202 (BLZ 20010000) · Vereins- und Westbank AG, Hamburg, Konto-Nr. 2/16739 (BLZ 20030000) · Führen in Lesemappen nur mit Genehmigung des Verlages · Printed in Germany · Gesamtherstellung: U. E. Sebald Druck und Verlag GmbH, Nürnberg